Library of
Davidson College

THE GENEALOGICAL STRUCTURE OF SPANISH

A Correlation of Basic Word Properties

William T. Patterson
Texas Tech University

UNIVERSITY
PRESS OF
AMERICA

Copyright © 1982 by

University Press of America, Inc.

P.O. Box 19101, Washington, D.C. 20036

All rights reserved
Printed in the United States of America

ISBN (Perfect): 0-8191-2792-2
ISBN (Cloth): 0-8191-2791-4

To my parents, for their constant support and encouragement

ACKNOWLEDGMENTS

I am happy to have the opportunity to thank the individuals who have contributed to the successful completion of this study. I would like to express my deepest gratitude to my friend, colleague, former professor and advisor, Professor Alphonse Juilland of Stanford University. It was Professor Juilland who first conceived the original investigation of the lexical structures of the major Romance languages. He spent countless hours assisting me with my own study of the Spanish language, which later became part of a book, <u>The Lexical Structure of Spanish</u>, co-authored with my good friend and colleague, Professor Hector Urrutibéheity of Rice University. I am also deeply indebted to Professors Aurelio Espinosa and Robert Politzer of Stanford University; and to Professors Roberto Bravo and Peder Christiansen of Texas Tech University.

My sincerest appreciation goes to Miss Debbie Robertson of Texas Tech University, whose impeccable typing and thorough knowledge of Spanish enabled me to complete a project which at one time seemed almost interminable.

TABLE OF CONTENTS

DEDICATION.................................iii

ACKNOWLEDGMENTS.............................v

INTRODUCTION................................1

I. GENEALOGY..............................5

    Inherited Words........................5
    Borrowed Words.........................7
        Latin..............................7
        Romance Languages..................8
        Greek..............................9
        Arabic............................10
        Other Languages...................10
    Created Words.........................10
        Composition.......................11
        Agglutination.....................11
        Derivation........................11
            Prefixation...................11
            Suffixation...................12
            Prefixation-Suffixation.......13
        Back Formation....................14
        Change of Suffix..................14
        Expressive Formation..............14
        Abbreviation......................14
        Change of Function................14

II. GENEALOGICAL CLASSES..................19

    Inherited Words.......................19
    Borrowed Words........................27
    Created Words.........................42

III. FUNCTIONAL SUB-CLASSES...............57

    Inherited Words.......................57
    Borrowed Words........................65
    Created Words.........................80

IV. PHYSICAL SUB-CLASSES..................97

    Inherited Words.......................97
    Borrowed Words.......................106
    Created Words........................124

V.	STATISTICAL SUB-CLASSES......141
	Inherited Words......141
	Borrowed Words......149
	Created Words......170
VI.	CHRONOLOGICAL SUB-CLASSES......191
	Inherited Words......191
	Borrowed Words......191
	Created Words......211

CONCLUSIONS......231

BIBLIOGRAPHY......233

INTRODUCTION

This study stems from a broader investigation, <u>The Lexical Structure of Spanish</u>, whose purpose was to establish the lexical structure of Modern Spanish in terms of the relationships which exist between certain fundamental properties of Spanish words.[1]

The properties of Spanish words considered relevant to our broader undertaking are the following: 1. functional (the structural properties underlying parts of speech classifications, such as nouns, verbs, adjectives, etc.); 2. physical (word length measured in number of syllables, such as monosyllables, bisyllables, etc.); 3. statistical (frequency classes, such as first five hundred words, second five hundred words, etc.); 4. genealogical (etymological properties which underlie such classifications as inherited, borrowed, or internally created words); 5. chronological (historical characteristics which underlie classifications based on the century of first attestation in the written language, such as 17th century, etc.).

The broader study devoted one section to each relevant property, while the present study is restricted to the genealogical properties of Spanish words and the ways in which these correlate with the functional, physical, statistical, and chronological properties. The larger study was more statistical in nature and illustrated by means of numerous tables and graphs the relationships which existed between the various word proerties. In this study the words themselves will replace the tables and graphs, since the former seem to be more meaningful and of greater interest to scholars of the Spanish language.

The Spanish vocabulary is represented by its manifestations in modern Spanish texts, rather than by the inventory listed in a modern dictionary. However, studies of lexical structure based on dictionary investigations have two major drawbacks: 1. the vast number of words contained in usual dictionaries make an exhaustive study by one scholar, instead of a team, almost prohibitive, even if elctronic devices are used; 2. an investigation of lexical structure based on the contents of a dictionary is misleading, insofar as it would treat all forms equally, e.g., the article, which occurs every six words, for instance, and the technical word, which occurs, say, every million words. While a standard dictionary lists some 100,000 entries, the first 100 most

1

frequently used words account for more than 30% of the lexical materials which constitute any Spanish text; the first 1,000 words account for more than 50%; the first 5,000 for more than 90%. In other words, the occurrences of most entries registered in a Spanish dictionary account for only a minute part of a representative Spanish text. Therefore, instead of basing our conclusions on a study of all lexical items, which would give a distorted picture of lexical structure by placing on the same footing the many words likely to occur every 1,000 pages with the very few likely to occur ten times per page, it is preferable to consider only a few thousand words, taken from the top of a frequency hierarchy.

Reliance upon the weighted information provided by a frequency dictionary provides a deeper insight and a more adequate picture of the lexical structure of a language. With these objectives in mind, we have chosen to rely on the 5,000 most frequently used words as selected by the exhaustive scanning of more than 20,000 sentences totaling more than half a million words, by A. Juilland and E. Chang-Rodríguez.[2]

Unlike previous studies in which words were ranked and classified in terms of their frequency, the Juilland-Chang-Rodríguez dictionary ranks the basic vocabulary according to three coefficients: usage, frequency, and dispersion. In earlier investigations, usage was simply equated with frequency on the assumption that, provided the sampling is adequate, a one-to-one correspondence holds roughly between the number of occurrences of a word in the sample and its occurrences in the language as a whole. Subsequently, as weighting techniques were refined, it appeared that results obtained on the basis of the assumed frequency-usage correlation often failed to correspond to intuitive expectations based on the specialist's knowledge of the language. True, intuitive expectations have been wrong in more than one instance, but equally often, objective evidence could be marshalled to prove that this was not the case. Take a count yielding, for example, 24 occurrences for a word such as <u>químico</u>, and only 12 occurrences for a word such as <u>consultar</u>, which suggests that the word <u>químico</u> is twice as important as the word <u>consultar</u>. The linguist's doubts about this assumption may be reinforced by differences in the 'dispersion' of the word's occurrences in the five genres (plays, short stories, novels, periodicals, technical writings) of the lexical universe. Whereas the fewer occurrences of <u>consultar</u> are fairly evenly distributed, 4 2 2 1 3,

the more numerous occurrences of químico cluster almost
exclusively in two genres, 0 0 1 10 13. 'Usage' attempts
to account for both frequency and dispersion by combining them in a formula which yields a somewhat different
coefficient: due to its uneven dispersion, químico,
with a frequency of 24, has a coefficient of usage of
10.09, while consultar with a frequency of 12, has a
coefficient of 9.45.

NOTES

Introduction

[1] William T. Patterson and Hector Urrutibéheity, The Lexical Structure of Spanish (The Hague: Mouton and Co., 1975).

[2] Alphonse Juilland and E. Chang-Rodríguez, Frequency Dictionary of Spanish Words (The Hague: Mouton and Co., 1964).

CHAPTER I

GENEALOGY

We recognize three major genealogical classes of words: 1. words inhertied from Latin; 2. words borrowed from other languages; 3. words created by various formative processes.[1] In assigning words to genealogical classes, we have relied primarily on Joan Corominas' Diccionario crítico de la lengua castellana[2] and on his Breve diccionario de la lengua castellana.[3]

1.0 INHERITED WORDS

By "inherited" we mean the words which used to constitute the vocabulary of the Vulgar Latin of Spain and which became the vocabulary of the earliest form of Spanish. Consisting essentially of Latin words, it also contains a number of elements borrowed by Vulgar Latin from the various substrata and adstrata of the peninsula.

1.1 Latin

Spanish words inherited from Latin are of two types: (1) popular, whose shape conforms to the phonological rules which characterize the development of Vulgar Latin into Spanish; (2) semi-popular, whose phonological shape, adjusted under learned influence, does not completely conform to the rules of Spanish sound change.

1.2 Celtic

The Spanish vocabulary contains a few words of Celtic origin, known for the most part only in a Latinized form. The language brought into Spain by Celtic invaders was presumably that of Gaul, but "it is difficult to say whether a Celtic word was there before the Romans, was brought to Spain by Roman legionaries, or came in later with the Germanic invasions."[4] There is no clear evidence of a direct contact between the Celtic of Spain and the later Peninsular languages, except for two words: tona (Galician, Portuguese), ton (welsh), tonn (Irish); and arapende <ARAPENNIS.[5] But scholars agree that the inhabitants of the Iberian Peninsula retained a few Celtic words, either because they were deeply rooted or because there were no equivalents in Latin.[6] This is especially true of the names of plants, agricultural tools, clothing, food, and of words related

to differences in climate, rural customs, and regional traditions. From the rather small contribution of Celtic to the Spanish vocabulary, we might mention carro < CARRUM, camino < CAMMINUS, cambiar < CAMBIARE, camisa < CAMISIA, legua < LEUCA, pieza < PETTIA, pico < BECCUS, and mina < MINA (which may have come into Spanish by way of French).

1.3 Basque, Iberian

The Spanish vocabulary shows elements in common with Basque and, as far as we know, Iberian.[7] Like Celtic words in French, the pre-Romance remnants are well represented in place names and in certain personal names. Most of these words have been given a pre-Romance Iberian ancestry because no adequate derivation could be found in Latin: e.g., Spanish vega (Portuguese veiga), attested in medieval texts as vaica or vaiga, seems to be a cognate of Basque ibaiko 'bank,' derived from ibai 'river'.[8] Pliny used ARRUGIA 'subterranean channel,' which seems to be the origin of arroyo. Other words of presumed pre-Romance origin include gordo < GURDUS; caparazón (perhaps related to Catalan carabassa); cama < CAMA; manteca < MANTECCA (which may be of Indo-European origin and related to Slavic smetana); pestaña (common to Spanish, Portuguese, Catalan, and Gascon, from PISTANNA, probably related to the Basque pizta).

Basque is the only pre-Romance language of the Iberian Peninsula which has survived. The most common pre-Romance word is izquierdo, Basque ezkerr, Catalan esquerre, and Portuguese esquerdo. According to Elcock "its meaning of 'left' was still conveyed by siniestro < SINISTER, but izquierdo is early attested, and suggestions that it might be a relatively recent borrowing from Basque are weakened by the widespread use of cognate forms in southern France and Portugal."[9]

Barro (Aragonese bardo) shows the same -rr-~-rd- alternance. Similar in structure, and unexplained, is perro. Corominas discounts the Celtic or Iberian etymologies and suggests that perro may derive from the onomatopoetic prrr, brrr, which shepherds use to arouse the dog.[10] The words pata and tirar are probably pre-Roman. Bloch and Wartburg consider that pata (French patte), unknown in Gaul, belongs to a pre-Celtic stratum.[11] It was adopted by the Franks, who carried it into Gaul. Tirar, common to all Romance languages but Rumanian, may come from an Indo-European root (s)tiq.[12]

1.4 Germanic

Even before the occupation of portions of the Roman Empire by Germanic tribes, certain Germanic words had been introduced into Vulgar Latin. According to Spaulding, more than three hundred Romance words are a result of the intimate contact on several frontiers between German tribes and Roman soldiers and colonizers. Among the legionaries, too, many were Germans. Words of Germanic origin were in use among Romans long before the fall of the Empire, and some, e.g., burgus, harpa, sapon < Spanish jabón, appear in late Latin writers.[13] Although there is a dearth of documentary testimony concerning the Germanic elements in Vulgar Latin, Romance evidence suggests that the following terms were adopted by Vulgar Latin prior to the conquest of Spain by the Goths in the fifth century:[14] banda < BANDWO, blanco < BLANK, banco < BANK, bruno < BRUN, espuma < SKUMS (English scum), gris (borrowed by Spanish from Provençal GRIS), guardar < WARDON, guarnecer < guarnir < WARNJAN, guerra < WERRA, guisa < WISA, marca < MARKA, robar < RAUBON (German rauben).
Among the Germanic words which came to the Peninsula during the main Germanic invasions from the fifth century onwards are brote < BRUT, espía < SPAIHA, esquina < SKINA, guiar < WIDAN;[15] fresco < FRISK, franco < FRANK, ganar < GAINON, whose meaning 'to earn' evolved under the influence of another guadanar; ganso < GANS, ropa < RAUPA, rico < REIKS, sala < SAL, sacar < SAKAN. Some Germanic words came into Hispano-Romance through Catalan, French, or Provençal, e.g., orgullo, bosque.

2.0 BORROWED WORDS

The second major class consists of words borrowed from other languages. Note that non-Latin words were considered "inherited" if borrowed by and present in Vulgar Latin before the formation of the Spanish language (see 1.1); on the other hand, Latin words were considered "borrowed" if taken from Latin writings after the formation of the Spanish language. Corominas uses small italics and the expression tomado del latín to distinguish Latin borrowings from the Latin inherited words, which he prints in capital letters.

2.1 Latin

Latin contributes the greatest number of borrowings to the Spanish lexicon. Usually adjusted to the rules which characterize Spanish historical phonology, Latin

7

borrowings (cultismos or voces cultas) differ from the
strictly popular or inherited words inasmuch as they do
not undergo the phonological changes reflected by inherited words. In general, learned borrowings changed
little; público < PUBLICUS (10th century); violencia
< VIOLENTIA (13th century); original < ORIGINALIS
(14th century); presencia < PRAESENTIA (15th century);
provenir < PROVENIRE (16th century); museo < MUSEUM
(17th century); uniforme < UNIFORMIS (18th century);
frase < PHRASIS (19th century); medieval < MEDIUM AEVUM
(20th century).

During the Renaissance, a return to classical sources reintroduced many words which had fallen into desue-
tude. From then on, the Latin lexicon is constantly
explored for words which may express new meanings. The
Spanish vocabulary exhibits such a vast number of appar-
ently "learned" words which are, and always seem to have
been, in popular use, that linguists have wondered
whether a considerable portion of the learned layer is
not in reality contemporaneous with the "popular" vocabulary, representing the conservative influence of the
more cultured classes from classical times, an influence
which frequently overcame popular tendencies and imposed
itself upon the popular language.[16]

Corominas, who distinguishes between truly learned
and semi-learned words, between cultismos and semi-
cultismos, seems to use the latter with two different
meanings: inherited words, whose phonological shape has
been altered under learned influence (see 1.1); and
borrowings, whose shape has been adjusted to popular
forms, e.g., regla < REGULA, milagro < MIRACULU, peligro
< PERICULU, virgen < VIRGINE. Menéndez Pidal distin-
guishes between the voces cultas and semi-cultas and
the popular forms, "pues tienen un desarrollo distinto
de las voces estrictamente populares."[17] But the latter
deserve more attention "por su complicado desarrollo,
por ser en ellas donde se manifiestan en modo más completo las leyes fundamentales de la vida del lenguaje
y por formar el fondo más rico del español y su herencia
patrimonial."[18]

2.2 Romance Languages

French is the Romance language which has contributed most to the Spanish lexicon. Apart from Latin,
the principal influence exerted on Spanish during the
medieval period is that of French, both the langue d'oc
and the langue d'oïl.[19] Many words entered the language
by way of the pilgrims on their way to Compostela, or by
the minstrels who entertained them. The influence of the

French monks made itself felt in the substitution of
the Roman ritual for the Mozarabic, the introduction of
the Carolingian handwriting, the restoration of Latin
(with the presumable checking of the vernacular), and
the translation and imitation of French literary works.[20]
Some early borrowings from French and from Provençal are:

	FRENCH	PROVENÇAL
11th century	pleito	-
12th century	granja, renta	fraile, jamás
13th century	joya, talle	jornada, laurel
14th century	flecha, galán	marqués
15th century	jardín, norte	embajada, patio

French continued its influence during the 16th and
17th centuries, but the periods of greatest French prestige were the 18th and 19th centuries. In spite of
reactions to the galicismo,[21] French words have continued to become a part of Spanish: marchar, trinchera,
país (16th); emoción, jefe, taller, tren (17th); destacar, instalar, paisaje, realizar, revolucionario, romántico, ruta (18th); detalle, egoísmo, entrevista, evolución, hotel (19th); avión (20th).

Other languages of the Iberian Peninsula had a
small but nonetheless noticeable influence. Over the
centuries, Portuguese and Spanish exchanged a number of
words, two of which occur in our word list: traje and
vera (which may be of pre-Romance or Celtic origin).
Spanish owes to Catalan presa (10th); mercader (12th);
bala, caja, falda, orgullo, linaje, papel, pólvora,
zozobra (13th); farol, salvaje, vanguardia, viaje (14th);
avanzar, bosque, correo, cuartel, festejar, forastero,
guante, pantalla, plantel, prensa, retablo, semblante,
sor, trozo (15th).

Like French, but to a lesser degree, Spanish
borrowed a number of words from Italian, especially
during the Renaissance:[22] aguantar, apoyar, asalto,
balcón, batallón, bronce, campeón, capricho, caricia,
coronel, charlar, equilibrio, escopeta, fachada, fanal,
fracasar, grupo, guardia, ingeniero, lápiz, manejar,
marcar, medalla, modelo, muralla, novela, piloto,
relieve, retrato. Although the Italian influence
declined after this period, a few Italianisms entered
the language during the following centuries: esbelto,
recinto (17th); café, folleto, pintoresco (18th);
fascismo (20th).

2.3 Greek

Greek has provided Spanish with a number of learned
forms associated with literature, sports, scholarship,

and education:[23] monasterio (11th); cara (12th); astronomía, música, fantasma (13th); calma, monarca (14th); dramático, escolástico, prólogo, tema, trágico (15th); análisis, categoría, época, simpatía (17th); anécdota, crítica, farmacia, patriota, sistema (18th); autónomo, estético, panorama, teléfono (19th).

2.4 Arabic

Direct borrowings from Arabic were quite numerous; in fact, there are thirty-six Arabic loan words in the basic vocabulary, which includes terms related to administration, war, agriculture, clothing, plants, games, music, mathematics, and astronomy: barrio (10th); alcalde, alcázar, aldea (11th); arrabal, hazañar, ronda (12th); aceite, achacar, alcoba, alcohol, almacén, alquiler, arroz, asesino, auge, azar, azúcar, garra, hasta, jinete, marfil, rincón, taza (13th); alfiler, alforja, andaluz, gabán, guitarra (14th); almanaque, azotea, azulejo, cifra, limón, ola, tarea (15th). Arabic borrowings are mostly nouns, with one verb (achacar), one adjective (andaluz), and one preposition (hasta).

2.5 Other Languages

Ignored on the Continent during the 16th and 17th centuries, English began to exert some influence, first through literature, then because of social prestige. Some English words reached Spanish directly, e.g., lord, suicidio (18th); cheque, club, organismo, turista (19th); comité, interviú, racial (20th), etc., but one word, tranvía, reached Spanish through the French tramway. One Hungarian borrowing, coche, appears in the 16th century; from Chinese comes té (18th); dique (16th) and escaparate (17th) come from Dutch; maíz (15th), chocolate and tabaco (16th), patata (17th), and butaca (19th) from the American Indian languages; amén (12th) from Hebrew; pistola (17th), regimiento (18th) and cultural (20th) from modern German. Many of these words, which represent but a few of the loan words from the various languages, indicate that interborrowing is not restricted to the languages of Europe.

3.0 CREATED WORDS

The third category consists of words created in Spanish by composition (or contamination), derivation, or change of function.

3.1 Composition

Composition juxtaposes two existing words to form a third, e.g., bienestar, mediodía, kilómetro, malograr, sobresalir, norteamericano, asimismo, cualquier, porque. Although Corominas considers as compuestos Spanish words derived from words created by this process in Classical or in Vulgar Latin, we have assigned them to the "inherited" class. Corominas also treats as compounds words like abajo and arriba, which are created by a process of agglutination (see 3.2). Also included here are words created by contamination, a process also called blending. Both composition and contamination result from the combination of two different forms; however, the constituents of compounds are in sequence, e.g., mediodía < medio + día, whereas those of contaminations cannot be obtained by simple segmentation, e.g., desparramar < esparcir + derramar, usted < vuestra + merced, sombrío < sol + umbrío.

3.2 Agglutination

The process of agglutination creates new words by "freezing" a frequently used phrase whose constituents become inseparable and impermutable. A syntactic process which takes place in the chain, agglutination differs from composition, a morphological process which involves the combinations of elements in the system. Most agglutinated words are adverbs: adelante, arriba, delante (10th); entrambas (11th); acerca, adentro, después, detrás (12th); abajo, afuera, apenas, ayer, quizá (13th); ahora, anoche (14th); acaso, adonde (15th); enfrente (16th); todavía (17th). Two nouns, alarma and hidalgo (10th), and two prepositions, desde (12th) and hacia (13th), also result from an agglutination.

3.3 Derivation

The process of derivation[24] is active throughout all periods of the language and affects only lexical words. We distinguish here prefixation, suffixation, and prefixation-suffixation.

3.31 Prefixation

The prefixes used to create new Spanish words are nearly all of Latin origin. The following are the most productive:
  1. a- forms mostly verbs, e.g., acercar.

2. in--~im~ir- account for a few nouns: indiferencia (13th); impaciencia (15th); impureza (17th); one verb, infiltrar (19th); and, with the exception of desigual, all adjectives created by prefixation, e.g., inesperado (10th); inagotable (13th); incomparable (14th); incierto, inconveniente (15th); inútil (16th); inverosímil (17th); insignificante, irresponsable (18th); inconsciente (19th).

3. des- is best represented among verbs: desentender (10th); descubrir (12th); desesperar, desaparecer (13th); deslizar (14th); descansar, desempeñar (15th); desprender (17th); desarrollar (18th). Four nouns, desigualdad and desproporción (15th), desinterés (17th), and desayuno (18th); and one adjective, desigual (14th), have been created by prefixing des-.

4. re- is primarily a verbal prefix: reconocer (13th); recoger, revivir (15th); retirar (16th); reunir (18th); reanudar (19th). Three nouns are formed by prefixing re-: renacimiento (13th); reconstrucción (15th); and reacción (18th).

3.32 Suffixation

Derivation by the addition of suffixes has been one of the chief sources of new verbs, nouns, adjectives and adverbs.

A. Verbs

The most productive verbal suffix is -ar, as in casar (11th); encontrar (12th); caminar, tocar (13th); fabricar (14th); abusar, trepar (15th); llenar, regresar (16th); asaltar, violentar (17th); viajar (18th); reflejar (19th).

Other verbal suffixes are -ecer (establecer, favorecer); -izar (autorizar, finalizar); and -ear (campear, golpear).

B. Nouns

The most productive nominal suffixes are:

1. -mento, -miento, which form nouns expressing actions, e.g., convencimiento (10th); juramento (11th); casamiento (12th); conocimiento, nacimiento (13th); descubrimiento (14th); sufrimiento (15th); rendimiento (16th); cumplimiento (17th).

2. -ción:[25] apreciación (12th); desaparición (13th); duración (15th); civilización (16th); situación (17th); decoración (18th); integración (19th).

3. -dad:[25] mocedad (13th); frialdad (14th); personalidad, superioridad (15th); publicidad (16th); casualidad (17th); electricidad (18th); responsabilidad (19th).

4. -eza: riqueza (12th); nobleza, tristeza (13th); belleza, pureza (15th); extrañeza (16th).
5. -ura: escritura (10th); ternura, verdura (13th); llanura (15th).
6. -ía: alegría (12th); cortesía, travesía (13th); colonía (16th); burguesía (17th).
7. -ismo: optimismo (15th); misticismo (16th); realismo (18th); liberalismo, romanticismo (19th).

C. Adjectives
The most common adjectival suffixes are:
1. -al: fundamental, sentimental (13th); excepcional (14th); elemental, mundial (15th); individual (16th); estatal (17th); colosal (18th); colonial, tradicional (19th); nacional (20th).
2. -oso: precioso (10th); orgulloso (12th); peligroso, perezoso (13th); doloroso, sospechoso (14th); fabuloso, riguroso (15th); silencioso (17th); borroso (18th); tembloroso (19th).
3. -ico: melancólico (14th); metódico, monárquico (15th); pedagógico (16th); simbólico (17th); patriótico, simpático (18th); artístico, biológico (19th); soviético (20th).
4. -able, -ible: apreciable (12th); agradable (13th); razonable (14th); apacible, venerable (15th); respetable (16th); responsable (18th).
5. -ivo: representativo (13th); definitivo (14th); atractivo, negativo (15th); decisivo (17th); progresivo (18th).

D. Adverbs
Except for despacito, new adverbs are formed by the addition of -mente: ciertamente (10th); solamente (11th); francamente (12th); especialmente, igualmente (13th); afortunadamente, simplemente (14th); finalmente, rápidamente (15th); perfectamente (16th); exactamente (17th); aproximadamente (18th); indudablemente (19th).

3.33 Prefixation-Suffixation

"Parasynthetic" formations result from the addition of both a prefix and a suffix to a root or stem. One noun, desenvolvimiento (15th) and two adjectives, arrollador (16th) and inacabable (17th), are formed by this process, all other parasynthetics being verbs: abrazar, empeñar (12th); asegurar, engrandecer (13th); acostumbrar (14th); desembarcar, ensombrecer (15th); concentrar, reforzar (16th); asustar, retrasar (17th); aproximar (18th); subrayar (19th).

3.4 Back Formation

Back or post formations are created by the suppression of a prefix or suffix. The most common are the post-verbals, which are nouns derived from verbs by substituting a nominal for a verbal ending: cuenta, sospecha (12th); baile, trabajo (13th); asombro, vuelo (14th); abrazo, regalo (15th); destino, lástima (16th); ataque, paseo (17th); saludo (18th); abone, danza, envío, transporte (19th). One verb is derived by desuffixation: acordar < acordado; another is the result of a de-prefixation: cobrar < recobrar.

3.5 Change of Suffix

Some new words are created by substituting one suffix for another, e.g., amo, loma (11th); huerta (12th); barco, maestra (13th); derecha (14th); curva (17th); clínica (19th).

3.6 Expressive Formation

Expressive creations include onomatopoetic words such as garganta and carcajada, and words which "sugieren directamente una idea por el valor psicológico de sus vocales o consonantes,"[26] e.g., oh, ay, ah, hola, tonto.

3.7 Abbreviation

Abbreviated forms often replace frequently used long words, e.g., teniente < lugarteniente; cine < cinematógrafo; piano < pianoforte; auto < automóvil.

3.8 Change of Function

New words are created by this process when an old word is used in a new syntactic environment with a new syntactic function. Among the various types of change of function, the following are the most common:
1. Adjectives used as nouns: enfermo, primero, viejo (10th); criado, obrero (11th); humano, loco, noble (12th); duro, santo, desierto (13th); claro, moral (14th); absurdo, rojo, único (15th); mínimo, seguro (16th); clásico, gris, serio (17th); izquierda, mejor (18th); intelectual, romántico (19th).
2. Verbs used as nouns: placer (12th); saber (13th); ser (16th).
3. Past participles used as adjectives: ayudado, cargado (10th); criado (11th); casado, venido (12th);

hundido and vencido (13th); escrito, propuesto (14th); firmado, referido (15th); divertido, parecido (16th); cortado, satisfecho (17th); impuesto, realizado (18th); detallado, vivido (19th); obsesionado (20th).

4. Past participles used as nouns: llegada, salida (12th); dicho, estado (13th); escrito, pasado (14th); herido, soldado (15th); puesto, hecho (16th); resultado, sorpresa (17th); contenido, impuesto (18th).

5. Present participles used as nouns: presente (12th); habitante (13th); amante, corriente (15th); pendiente (16th); comerciante (17th); continente (18th); componente (19th).

The difficulty in assigning words to genealogical classes concerns the use of the term derivado. Corominas uses it in the sense of "related" as well as "derived" in the grammatical sense; in fact, the grouping is surprising when the basis is semantic, e.g., futuro and presente are listed as derivados of the verb ser. Corominas also callas derivados forms derived in Vulgar Latin and later borrowed by Spanish, e.g., debilidad and administración are considered "derived" from débil and administratar. After checking other etymological sources, we have considered such words as borrowings.[27]

NOTES

Chapter I

[1] We have not added a separate class for words of unknown or uncertain origin, for, while their particular etyma may be in question, the genealogical class to which they belong is unquestioned: they are indisputably borrowings; therefore, such words have been assigned to a special sub-class of borrowed words.

[2] Berne, 1954-1957; hereinafter referred to as Diccionario crítico.

[3] Madrid, 1961; hereinafter referred to as Breve diccionario.

[4] J.B. Trend, The Language and History of Spain (London, 1953), p. 17.

[5] W.J. Entwistle, The Spanish Language (London, 1965), p. 40.

[6] Erich Auerbach, Introduction to Romance Languages and Literature (New York, 1961), p. 23.

[7] Entwistle, Spanish Language, p. 33.

[8] Trend, p. 15.

[9] W.D. Elcock, The Romance Languages (London, 1960), p. 178.

[10] Joan Corominas, Breve diccionario, p. 449.

[11] O. Bloch and W. von Wartburg, Dictionnaire étymologique de la langue française (Paris, 1964), p. 469.

[12] Corominas, Breve diccionario, p. 554.

[13] Robert K. Spaulding, How Spanish Grew (Berkeley, 1943), p. 49.

[14] Elcock, pp. 207-210.

[15] Corominas, Breve diccionario, p. 302.

[16] W.D. Elcock, Review of J. Corominas, Diccionario crítico etimológico de la lengua castellana, in Modern Language Review, LII (1957), 290-291.

[17] R. Menéndez-Pidal, Manual de gramática española (Madrid, 1952), p. 9.

[18] Ibid, p. 14.

[19] Entwistle, Spanish Language, p. 206.

[20] Spaulding, How Spanish Grew, pp. 130-131.

[21] Tomás de Iriarte, Los literatos en cuaresma (1773); and Rafael María Baralt, Diccionario de galicismos (1885);

[22] Menéndez-Pidal, Manual, p. 25

[23] Rafael Lapesa, Historia de la lengua española (Madrid, 1955), esp. p. 44.

[24] For a discussion of Spanish derivation, cf. M. Ramsey and R. Spaulding, A Textbook of Modern Spanish (New York, 1956), pp. 613-60.

[25] The majority of the -ción and -dad words are borrowings from Latin; however, a number of nouns have been formed in Spanish.

[26] Corominas, Breve diccionario, p. 14

[27] M. Alonso, Enciclopedia del idioma (Madrid, 1964); R.S. Boggs, et. al., Tentative Dictionary of Medieval Spanish (Chapel Hill, 1936); W.D. Elcock, The Romance Languages (London, 1960); W.J. Entwistle, The Spanish Language (London, 1965); R. Lapesa, Historia de la lengua española (Madrid, 1955); R.E. Latham, Revised Medieval Word List (London, 1965); R. Menéndez-Pidal, Cantar del Mío Cid, Vocabulario (Madrid, 1945); F. Monlau, Diccionario etimológico de la lengua castellana (Buenos Aires, 1955).

CHAPTER II

GENEALOGICAL CLASSES[1]

1.0 INHERITED WORDS

a
abarcar
abeja
abogado
aborrecer
abril
abrir
abuela
abuelo
acá
academia
acero
acontecer
acordar
acudir
acusar
admirable
afrontar
agosto
agotar
agua
agudo
aguja
ahogar
aire
ajeno
ala
alabar
alba
alegre
alemán (aj.)
alemán (n.)
alentar
algo (av.)
algo (pn.)
algún
alguna
alguno
allá
allí
alma
almorzar

almuerzo
altar
alto
alzar
ama
amanecer
amar
amargo
amarillo
ambos
amenaza
amiga
amigo
amistad
amor
amparar
añadir
ancho
anciano
andar
angosto
año
antaño
ante
antes
antiguo (aj.)
antiguo (n.)
apagar
aprender
aprobar
aquel (aj.)
aquél (pn.)
aquella
aquello
aquí
aragonés
árbol
arco
arder
arena
arma
armar

arrojar
arroyo
arte
asentar
así
áspero
atar
atender
atravesar
atrever
aun
ave
ayudar
bajar
bajo (aj.)
bajo (av.)
balanza
bañar
banco
bando
baño
barba
barón
barro
bastar
batalla
batir
beber
besar
beso
bien
blanco
blando
boca
boda
bomba
bordar
bóveda
bravo
brazo
breve
británico

brote	catalán	conde
bueno	catorce	condesa
buscar	cauce	conejo
cabalgar	caudillo	confundir
caballero	cazar	conocer
caballo	cegar	conquista
cabello	ceja	conquistar
caber	cena	consagrar
cabeza	cenar	conseguir
cabo	ceniza	consejo
cabra	cera	consentir
cada	cerca	consolar
cadena	cerco	contar
caer	cerrar	contener
calar	ciego	contra
calavera	cielo	contrastar
caliente	ciento (n.)	convencer
callar	ciento (nu.)	convenir
calle	cierto (aj.)	convidar
calor	cierto (n.)	copa
cama	cima	corazón
cámara	cimiento	cordobés
cambiar	cinco	corna
camino	cincuenta	corral
camisa	cinta	correr
campana	cintura	cortar
campaña	ciudad	corte
campo	claro	corteza
canal	clavar	corto
cansar	clavo	cosa
cantábrico (aj.)	cobre	coser
cantábrico (n.)	cocina	costa
cantar	coger	costar
canto	cola	costumbre
caña	colgar	crecer
capa	collar	creer
caparazón	colmar	criar
capilla	color	crudo
carbón	comenzar	cruel
cárcel	comer	cruz
carecer	cometer	cuadro
cargar	comida	cuajar
carne	como	cual
caro	cómo	cuál
carrera	compadecer	cuando
carro	complacer	cuándo
carta	comprar	cuanto
casa	comprender	cuarenta
casita	común	cuarto (aj.)
casta	con	cuarto (n.)
castillo	concebir	cubrir

cuchillo	diecisiete	escala
cuello	diente	escalera
cuenca	diez	escapar
cuento	dinero	escaso
cuerda	dios	esconder
cuerno	disparar	escribir
cuero	doblar	escuchar
cuerpo	doble	escudo
cuesta	doce	escuela
cueva	doler	ese
cuidado	dolor	ése
cuidar	don	eso
cumbre	doña	espacio
cumplir	doncella	espada
cuna	dormir	espalda
cura	dos	español (aj.)
curar	dragón	español (n.)
curso	dueña	esparto
cuya	dueño	espejo
cuyo	dulce	esperar
chica	durar	espeso
chico	duro	espía
daño	echar	espiga
dar	edad	espina
de	egipcio	esposa
deber	eje	esposo
decir	el	espuma
dedo	él	esquina
dejar	ella	esta
delgado	ello	estar
delito	empujar	este
demostrar	en	éste
dentro	encender	esto
derecho	enemigo	estorbar
derramar	enero	estrechar
desdeñar	enfermo	estrecho
deseo	engañar	estrella
desnudar	ensanchar	europeo (aj.)
desnudo	ensayo	europeo (n.)
despedir	enseñar	extender
despierto	entender	extraño (aj.)
desvanecer	entero	extraño (n.)
desviar	entonces	faja
detener	entraña	fallecer
deuda	entrar	falso
día	entre	falta
dicha	entregar	fantasía
diciembre	enviar	faz
diecinueve	envolver	fe
dieciocho	ermita	feria
dieciseis	esa	fiar

fiebre
fiel (aj.)
fiel (n.)
fiesta
fin
firme
flor
florecer
fondo
forma
fortuna
francés (aj.)
francés (n.)
francesa
franco (aj.)
franco (n.)
frente
fresco
frío (aj.)
frío (n.)
fruto
fuego
fuente
fuera
fuerte (aj.)
fuerte (n.)
fuerza
gallina
gana
ganar
gastar
gato
gente
germánico
gobernar
golpe
gordo (aj.)
gordo (n.)
gota
gótico
gozo
grado
grande
grano
grave
griego (aj.)
griego (n.)
gritar
grueso
guarda
guardar

guerra
guiar
gusano
gustar
haber
habla
hablar (n.)
hablar (v.)
hacer
hacha
hacienda
hallar
hambre
harto
haya
haz
hebra
hecho
hembra
heredar
heredero
herir
hermana
hermano
hermoso
hielo
hierba
hierro
hija
hijo
hilo
hispánico
historia
hogar
hoja
holgar
hombre
hombro
honda
hondo
honor
honrar
hora
horno
hosco
hoy
huerto
hueso
huésped
huevo
huir

humo
hundir
ibérico
iglesia
igual
infanta
infante
infierno
invierno
ir
ira
isla
italiano (aj.)
italiano (n.)
izquierdo
jabón
judío
juego
jueves
juez
jugar
junto
jurar
justo
juzgar
la
labio
labor
labrar
lado
ladrar
ladrillo
ladrón
lago
lágrima
lámpara
lanzar
largo
latín
latino (aj.)
latino (n.)
latir
lavar
lazo
leal
leche
lecho
leer
legua
lejos
lengua

letra	martillo	morir
levantar	marzo	moro
ley	mas (c)	mortal
leyenda	más (aj.)	mosca
lienzo	más (av.)	mostrar
limpio	masa	mover
lino	matar	moza
liso	materia	mozo
lista	mayo	muchedumbre
lo	mayor	mucho (av.)
loco	medio (aj.)	mucho (aj.)
lograr	medio (n.)	mudar
lomo	medir	mudo
luchar	mejilla	mueble
lucir	mejor (aj.)	mueca
luego	mejor (av.)	muelle
lugar	mendigo	muerte
luna	menester	muerto
lunes	menor	mujer
luz	menos	muñeca
llama	mentir	muro
llamar	menudo	muy
llano	mercado	nacer
llanto	merecer	nada (av.)
llave	mes	nada (pn.)
llegar	mesa	nadar
lleno	meter	nadie
llevar	mezclar	nariz
llorar	mi	navaja
llover	mía	nave
lluvia	miedo	navegar
madera	miel	negar
madre	miembro	negro (aj.)
madrugar	mientras (av.)	negro (n.)
maduro	mientras (c.)	nervio
maestro	mil (n.)	ni (av.)
mal	mil (nu.)	ni (c.)
malo	mina	nido
mamá	mío	niebla
mancha	mirar	nieto
mandar	misa	nieve
manera	mismo (aj.)	niña
mango	mismo (pn.)	ninguno
mano	mitad	niño
manto	molino	no
mañana	moneda	noche
mar	monja	nogal
marco	monje	nombrar
marido	montaña	nombre
marino	monte	noventa
mármol	morder	novia

noviembre	pardo	pintor
novio	parecer	pintura
nube	pared	pirenaico
nuestra	parejo	pisar
nuestro (aj.)	parir	placer
nuestro (pn.)	parte	plata
nueve	partir	plato
nuevo	paso	playa
nunca	pasta	plaza
o	pastor	plazo
obra	pata	pluma
obrar	pavor	poblar
obrero	paz	pobre (aj.)
obscuro	pecho	pobre (n.)
octubre	pedazo	poco (aj.)
ochenta	pedir	poco (av.)
ocho	pegar	podar
ofrecer	pegar (unir)	poder (n.)
oír	peinar	poder (v.)
ojo	pelo	pollo
oler	pena	polvo
olivo	peña	poner
olor	pensar	por
olvidar	peor	por tanto
once	percibir	poseer
onda	perder	pozo
oreja	perdonar	prado
orilla	perecer	pregón
oro	pereza	pregonar
oscuro	perla	preguntar
otoño	permanecer	prenda
otorgar	pero	prender
otra	perseguir	prestar
otro (aj.)	pertenecer	prima
otro (pn.)	pesar (n.)	primavera
padecer	pesar (v.)	primer
padre	pescar	primero
padrino	peso	primo
pagar	pestaña	príncipe
pájaro	pez	prisa
palabra	pico	prisión
palacio	pie	privar
palma	piedad	probar
palo	piedra	prometer
paloma	piel	provecho
pan	pierna	pueblo
pano	pieza	puente
par (aj.)	pila	puerta
par (div. 2; n.)	pilar	puerto
para	pino	pues
parar	pintar	puño

punta
punto
puro
que (c.)
que (pn.)
quedar
quejar
quemar
querer
quién
quien
quince
quinto
rabia
raíz
ramo
rancio
rastro
rato
raya
rayo
razón
recibir
recién
reciente
recio
recobrar
recordar
red
redondo
regar
reina
reír
reja
rencor
rendir
reñir
resbalar
responder
retener
revés
rey
rezar
rico (aj.)
rico (n.)
riesgo
río
risa
robar
rodar
rogar

rojo
romance
romano (aj.)
romano (n.)
romper
ropa
rostro
rozar
rubio
rueda
ruido
ruina
sábado
sábana
saber
sabio
sabor
sacar
sacudir
sagrado
sal
sala
salir
saltar
salud
saludar
salvar
salvo
sangre
sano
sazón
seco
sed
seda
seguir
según (av.)
según (p.)
segundo
seguro
seis
sello
selva
semana
sembrar
semilla
sencillo
sendero
seno
sentar
sentir
seña

señal
señor
ser
sereno
serpiente
servidumbre
servir
sesenta
setenta
si
sí
siempre
sierra
siete
siglo
silla
sin
soberbio
sobrar
sobre
sobrina
sobrino
sol
soler
solo
sombra
someter
sonar
sonreír
sopa
sordo
sospechar
sostener
su
subir
sueldo
suelo
sueño
suerte
sufrir
surco
suspirar
suspiro
sutil
suya
suyo
tabla
tal
tallo
tamaño
tan

tanto (aj.)
tanto (av.)
tapia
tardar
tarde
techo
teja
tejer
tela
temblar
temer
temor
temprano
tender
tener
tercero
terreno
tesoro
tez
tía
tiempo
tienda
tierno
tierra
tinta
tío
tirar
toda (pn.)
todo (aj.)
tomar
torcer
tormenta
tornar
torno
toro
torre
tosco
traba
trabajar
traer
tragar
tras
través
trazar

trece
tregua
treinta
tres
trigo
triste
tronco
tropezar
tu
tú
turco
tuya
un
una (ar.)
una (pn.)
uno (aj.)
uno (pn.)
uso
vacío (aj.)
vacío (n.)
vagar
valenciano
valer
valle
valor
vano
varón
vasco (aj.)
vasco (n.)
vaso
vecina
vecindad
vecino (aj.)
vecino (n.)
vega
veinte
veinticinco
veinticuatro
veintidós
veintinueve
veintiocho
veintiséis
veintisiete
veintitrés

veintiuno
vela
velar
velo
vena
vencer
vender
veneno
vengar
venir
venta
ventura
ver
verano
verdad
verde
vergüenza
verter
vestir
vez
vía
vida
vidrio
viejo
viento
vientre
viernes
villa
vino
víspera
viuda
vivir
vivo
volar
volver
voz
vuestro
y
ya (av.)
ya (c.)
yacer
yeso
yo

2.0 BORROWED WORDS

2.1 Latin[2]

abismo	afición	aparente
abnegación	afinidad	aparición
absoluto	afirmación	apariencia
abstener	afirmar	apelar
abstracción	agente	apertura
abstracto	agitar	apetito
absurdo	aglomeración	aplaudir
abundancia	agrario	aplauso
abundar	agregar	aplicación
abuso	agrícola	aplicar
académico (aj.)	agricultura	aportación
académico (n.)	águila	apreciar
accidente	alimento	árabe (aj.)
acción	almirante	árabe (n.)
acento	alteración	arbitrario
aceptar	alterar	archivo
actividad	alternar	área
activo	aludir	argumento
acto	alumno	árido
actor	alusión	aroma
actriz	amable	arquetipo
actual	amazona	arquitecto
actuar	ambición	arquitectura
acumular	ambiente	arribar
acusación	ámbito	artículo
adaptar	amplio	artífice
adhesión	amplitud	artificial
administración	análogo	ascender
administrador	anatomía	asiduo
administrar	ángel	asignar
admiración	ángulo	asignar
admirar	angustia	asistencia
admitir	ánima	asistir
adolescencia	animación	asociación
adoptar	animal (aj.)	asomar
adorar	animal (n.)	aspecto
adornar	animar	aspiración
adquirir	ánimo	aspirar
adquisición	animoso	astro
adusto	ansia	asumir
advertir	ansiedad	asunto
aéreo	antigüedad	atención
afectar	anular	ateneo
afecto	anunciar	atento
afeitar	aparato	atinar

atleta
átomo
atracción
atraer
atribuir
atributo
atrio
audacia
audaz
audiencia
augusto
aula
aumento
aurora
ausencia
ausente
austero
auténtico
autor
autoridad
auxilio
aventura
averiguar
ávido
azul
barbarie
bárbaro
base
bendición
beneficio
biblioteca
bondad
brevedad
busto
cadáver
calcular
cálculo
calendario
calidad
calificar
canción
cándido
cantidad
cañón
caos
capacidad
capaz
capital
capitán
capítulo
carácter

cardenal
caridad
casi
caso
castigar
catálogo
cátedra
categórico
católico (aj.)
católico (n.)
causa
ceder
celda
celebración
celebrar
célebre
celeste
celo
célula
cementerio
centenario
central
centro
centuria
cerebro
cesar
ciclo
ciencia
científico
cínico
circular
círculo
circunstancia
citar
civil
claridad
clase
clásico
claustro
clave
clérigo
cliente
clima
coacción
código
coetáneo
coincidir
colección
colectivo
colega
colegio

cólera
colocar
columna
combustible
comedia
comentar
comentario
comercio
cómico
comisario
comisión
cómodo
comparable
comparación
comparar
compensar
complejo
completo
composición
comprensión
comprobar
compromiso
comunicación
comunicar
comunidad
conceder
concepción
concepto
concesión
conciencia
concluir
conclusión
concreto
concurrir
concurso
condenar
condición
conducir
conducta
conducto
conductor
confederación
conferencia
confesar
confesión
confesor
confirmar
conflicto
conformar
conforme
conformidad

28

confusión
congregación
congregar
congreso
conjunto
conmover
consciente
consecuencia
conservación
conservador
conservar
consideración
considerar
consignar
consistir
conspirar
constar
constitución
constituir
construcción
construir
cónsul
consultar
consumir
contacto
contagio
contemplar
contemporáneo
contento
contestación
contestar
contiguo
continuación
continuar
continuidad
continuo
contradecir
contradicción
contradictor
contraer
contraposición
contrariedad
contrario
contrato
contribución
contribuir
convento
conversación
conversar
convertir
convicción

copia
copioso
copla
cordial
coro
corporal
corrección
correcto
corregir
corroborar
cotidiano
creación
creador
crear
crédito
crepúsculo
crimen
crisis
cristal
cristalino
cristiano
criterio
crítico (aj.)
crítico (n.)
crónica
crueldad
cualidad
cuestión
culpa
cultivar
culto (aj.)
culto (n.)
cúmulo
curiosidad
curioso
curvo
dañar
dato
débil
debilidad
decidir
décimo
decisión
declaración
declarar
decorar
decoro
decreto
dedicar
deducir
defecto

defender
defensa
deficiencia
definición
definir
deformar
delegación
deleitar
delicado
delicia
delirio
democracia
demonio
demostración
denominación
denominar
denso
denunciar
depender
depresión
derivación
derivar
descender
describir
descripción
desierto
designar
destrucción
destruir
desviación
detención
determinación
determinar
detestar
devoción
devolver
diablo
diálogo
dictamen
dictar
dieta
diferencia
difícil
dificultad
difundir
difunto
difusión
dignidad
digno
dilatar
diligencia

dimensión
diputación
dirección
directo
director
dirigir
discernir
disciplina
discípulo
discreto
discurrir
discurso
discusión
discutir
disertación
disfrutar
disimular
disipar
disminución
disminuir
disolución
disolver
dispensar
disponer
disposición
disputar
distar
distinción
distinguir
distinto
distraer
distribución
distrito
diversidad
diverso
divertir
dividir
divino
divisar
división
divorcio
dócil
docto
doctor
doctrina
documento
dogma
doméstico
dominación
dominar
domingo

dominio
dote
drama
dudar
duelo
eco
economía
edición
edificar
edificio
editor
educación
educar
efectivo
efecto
eficacia
eficaz
ejecución
ejecutar
ejemplar (aj.)
ejemplar (n.)
ejemplo
ejercer
ejercicio
ejército
elaboración
elaborar
elección
elegancia
elegante
elegir
elemento
elevación
elevar
eliminar
elocuencia
elocuente
elogio
emanar
eminente
emitir
emperador
emperatriz
encomendar
energía
enfermedad
engendrar
enigma
enorme
ensueño
ente

enumeración
envidia
epidermis
era
ermitaño
error
erudición
erudito
escándalo
escena
escritor
escrúpulo
escultura
esencia
esencial
esfera
especial
especialidad
especie
espectáculo
espectador
espectro
especulación
espíritu
espiritual
espléndido
espontáneo
esquema
estabilidad
estación
estatua
estéril
esterilidad
estilo
estimar
estímulo
estómago
estrato
estremecer
estricto
estructura
estudio
estupendo
estúpido (aj.)
estúpido (n.)
etcétera
eternidad
eterno
ético
evangelio
evidencia

evidente
evitar
evocación
evocar
exacto
exageración
exagerar
exaltación
exaltar
examen
examinar
exceder
excelencia
excelente
excepción
exceso
excitar
exclamar
exclusivo
excursión
exento
exhalar
exhibición
exhibir
exigencia
exigir
existencia
existir
éxito
expansión
expedición
experiencia
explicación
explicar
explosión
exponer
exposición
expresión
expreso
exquisito
extensión
exterior
externo
extinguir
extraordinario
extravagante
extremo
fábrica
fabricar
fábula
facción

fácil
facilidad
facilitar
factor
factura
facultad
fama
familia
familiar (aj.)
familiar (n.)
famoso
faro
fastuoso
fatal
fatalidad
fauna
favor
favorable
fecundo
felicidad
felicitar
feliz
femenino
fenómeno
fermento
feroz
férreo
fértil
fertilidad
fervor
ficción
figura
figurar
fijo
filiación
filósofo
final
finalidad
fingir
finito
fino
firmar
fiscal
física
físico
flaco
flora
fluir
foco
formación
formal

formar
formidable
fórmula
frágil
fragmento
frase
fraternidad
frecuencia
frecuentar
frecuente
frenesí
frenético
fronda
frondoso
fruta
fuga
fugaz
fulgor
función
fundación
fundar
fundir
fúnebre
furia
furioso
futuro (aj.)
futuro (n.)
galería
gas
gemir
generación
general
generalidad
género
generosidad
generoso
genio
gentil
germen
gestación
gestión
gesto
gigante
gitano
girar
glándula
globo
gloria
glorioso
glosar
gobernación

gobernador
gracia
gratitud
grato
gravedad
gremio
gusto
hábil
habilidad
habitación
habitar
hábito
habitual
herencia
héroe
himno
honesto
horizonte
horrible
horror
hospital
hostil
hostilidad
humanidad
humano
húmedo
humildad
humilde
humor
ideal
idéntico
identidad
idioma
ídolo
ignorancia
ignorar
igualdad
iluminar
ilusión
ilustración
ilustrar
ilustre
imagen
imaginación
imaginar
imaginario
imitación
imitar
impedir
impenetrable
imperar

imperial
imperio
ímpetu
implacable
implicar
imponer
importar
impresión
imprimir
impulso
inaugurar
incitar
inclinación
inclinar
incluir
incorporar
incurrir
india
indicación
indicar
índice
indicio
indignación
indio
índole
indudable
industria
inédito
inefable
inexorable
infancia
infantil
inferior
infernal
infinidad
influir
influjo
información
informar
infundir
ingenio
ingenuidad
ingenuo
ingreso
iniciación
inicial
iniciar
injuria
injusticia
inmediato
inmenso

innovación
inocencia
inocente
inquieto
inquietud
insecto
inseparable
insigne
insinuar
insistir
inspiración
inspirar
instancia
instante
instinto
institución
instituto
instrucción
instrumento
insultar
integral
integrar
integridad
íntegro
intelectual
inteligencia
inteligente
intención
intensamente
intenso
intentar
intento
interior (aj.)
interior (n.)
interminable
interno
interpretación
interpretar
interrogar
interrumpir
intervención
intervenir
íntimo
introducir
intuición
invadir
invasión
invencible
invención
invento
inventor

inverso
invertir
investigación
invitación
invitar
ironía
irresistible
irritar
itinerario
jerarquía
joven
júbilo
judicial
juicio
julio
junio
jurídico
justicia
justificar
juvenil
juventud
laborioso
lamentar
latente
latitud
lección
lector
lectura
legal
legión
legítimo
lema
lente
lentitud
lento
león
lesión
leve
liberal
libertad
librar
libre
libro
lícito
ligar
limitación
limitar
límite
lindo
línea
líquido

literario
literatura
litoral
local
localidad
lógico
longitud
lujo
luminoso
luto
magia
magistral
magnífico
magnitud
magno
majestad
malicia
manifestación
manifiesto
mansión
mantener
manuscrito
máquina
maravilla
margen
marítimo
martir
martirio
matemática
matemático
material
materno
matrimonio
máxima
máximo
medicina
médico
medieval
mediocre
meditación
meditar
mediterráneo
médula
melancolía
memoria
mención
mental
mente
merced
meridional
mérito

metal
metro
milagro
milicia
militar
milla
mínimo
ministerio
ministro
minuto
miserable
miseria
misión
misterio
mixto
moderno
modestia
modesto
módico
modificación
modificar
modo
molestar
momento
monstruo
monstruoso
monumento
moral
moralidad
mortalidad
mostrador
motivo
motor
móvil
múltiple
multiplicar
multitud
mundo
munición
municipal
municipio
músculo
museo
músico
mutuo
nación
narración
nativo
natural
naufragio
náufrago

navegación
navío
necesario
necesidad
necio
negativo
negocio
noble
noción
nocturno
norma
normal
nota
notable
notar
notario
noticia
notorio
novedad
nuca
núcleo
número
numeroso
obedecer
obediencia
obispo
objeción
objetivo (aj.)
objetivo (n.)
objeto
obligación
obligar
obscuridad
observación
observar
obsesión
obstáculo
obstinar
obtener
ocasión
ocaso
occidental
occidente
octavo
ocultar
oculto
ocupación
ocupar
ocurrir
odio
ofender

ofensa
oficial
oficina
oficio
opaco
operación
operar
opinar
opinión
oponer
oportuno
oposición
opresión
oración
orador
oral
orbe
órden
ordenar
ordinario
órgano
oriental
oriente
origen
original
oscuridad
ostentar
paciencia
pacífico
pacto
página
pálido
palpitar
papa
paraíso
paralelo
parcial
pariente
párrafo
parroquia
participación
participar
particular
particularidad
pasión
paterno
patria
patrimonio
patrón
patronato
pausa

pecar
peculiar
peligro
penetrar
península
pensión
penumbra
pérdida
perdurable
perdurar
peregrinación
peregrino
perenne
perfección
perfecto
perforar
perito
perjuicio
permanente
permitir
perpetuo
perplejidad
persistir
persona
personal
perspectiva
perturbador
petición
petróleo
piropo
plácido
planeta
plantar
platónico
plebeyo
plenitud
pleno
población
poema
poesía
poeta
poético
policía
política
político
popular
pooularidad
porción
posesión
posibilidad
posible

posición
positivo
posterior (aj.)
posterior (n.)
potencia
potente
práctica
precaución
preceder
precio
precipitar
precisión
preciso
predicar
predilección
preferir
prejuicio
premio
preocupar
preparación
preparar
prescindir
presencia
presentación
presentar
presente (aj.)
presentir
presidir
presión
prestigio
presumir
pretender
pretensión
pretexto
prevalecer
prevenir
prever
previo
primario
primitivo
primordial
princesa
principal
principio
privilegio
probabilidad
problema
procedencia
proceder
procesión
proceso

proclamar
procurar
prodigioso
producción
producir
profesar
profesión
profesor
profeta
profundidad
profundo
progreso
prohibir
prójimo
prolongar
pronto (aj.)
pronto (av.)
pronunciar
propaganda
propagar
propicio
propiedad
propio
proponer
proporción
proposición
propósito
prosa
proseguir
prosperar
prosperidad
protección
proteger
protestar
proveer
provenir
providencia
provincia
provocar
proximidad
próximo
proyección
proyectar
prudencia
prudente
publicación
publicar
público
pudor
pueril
pulular

quieto
quietud
quimera
química
quitar
radical
radio
rapaz
rápido
raro
raza
real (aj.)
real (n.)
realidad
rebelde (aj.)
rebelde (n.)
rebelión
recepción
receta
reclamar
recóndito
recrear
rectificar
recto
rector
recurrir
recurso
redacción
redactar
redimir
reducir
referir
reflejo
reflexión
refugio
régimen
regio
región
regir
regla
regreso
regular (aj.)
regular (n.)
reinar
reino
relación
relatar
relativo
relato
religión
religioso

remedio	rótulo	signo
remitir	rotundo	silencio
remoto	rubor	silvestre
renovador	rudo	símbolo
renovar	rumbo	simple
renunciar	rumor	simplicidad
reparación	rural	simular
reparar	rústico	sinceridad
repente	sacerdote	sincero
repercusión	sacrificar	singular
repertorio	sacrificio	síntoma
repetir	salto	sitio
replicar	salvación	situar
representación	santidad	sobriedad
representar	satelite	social
república	satisfacción	sociedad
repugnar	satisfacer	solar
repulsión	sección	soledad
reputación	secretario	solemne
requerir	secreto	solemnidad
reservar	sector	solicitar
residencia	secular	sólido
residir	secundario	solitario
resignar	sede	solución
resistencia	seducir	sonido
resistir	seguridad	soportar
resolución	selección	suave
resolver	selecto	suavidad
respecto	sensación	sublevación
respeto	sensibilidad	sublevar
respirar	sensible	sublime
resplandor	sensual	subsistir
restaurar	sentencia	substancia
resucitar	separación	substituir
resultar	separar	subterráneo
resumir	septentrional	suceder
resurreción	séptimo	sucesión
retroceder	sepulcro	suceso
revelación	sepultura	sucesor
revelar	serenidad	sucinto
revisar	serie	suficiente
revisión	serio	sugerir
revolución	servicio	sugestión
ribera	servidor	sujetar
ridículo	sesión	sujeto
rígido	severo	suma
rigor	sexo	sumar
ritmo	sexto	sumergir
rival	sexual	sumo
robusto	significación	superar
rosa	significar	superficial

superficie	tormento	vago zona
superfluo	torrente	vanidad
superior	total	vapor
superstición	tradición	variación
suplicar	traducción	variar
suplicio	traducir	variedad
suplir	traductor	vario
suponer	tragedia	vasto
suposición	traición	vegetación
supremo	tranquilidad	vehemente
suprimir	tranquilo	vehículo
surgir	transcender	velocidad
suscitar	transucrrir	venerable
suspender	transeunte	verbo
sustentar	transformación	verificar
taberna	transformar	versión
talento	transición	verso
teatral	tránsito	vértigo
teatro	transparente	vestíbulo
técnica	trasmitir	vibración
técnico	tratar	vibrar
temperamento	tremendo	viceversa
temperatura	triangular	vicio
templo	triángulo	vicisitud
temporada	tribu	víctima
tenacidad	tribuna	victoria
tenaz	tribunal	vigente
tenebroso	tributo	vigilancia
tentación	triunfar	vigilar
teórico	triunfo	vigor
terminación	trono	violencia
terminar	tubo	violento
término	tumba	virgen
terrestre	turba	virginidad
terrible	turbar	viril
territorio	ulterior	virrey
terror	última	virtud
terso	último	virtuoso
tesis	unánime	visible
testamento	único	visión
testimonio	unidad	visitar
texto	uniforme	vital
tímido	unión	vivienda
tipo	unir	vocablo
tiranía	universal	vocación
tirano	universidad	volumen
título	universo	voluntad
tolerancia	útil	votar
tolerar	utilidad	voto
tomo	vacilar	vulgar
tono	vagabundo	vulgo

2.2 ROMANCE LANGUAGES
2.21 French

abandonar
analizar
anverso
aportar
arrancar
artillería
asamblea
avión
avisar
bachiller
bahía
banda
banquete
barricada
barroco
baúl
billete
blasón
bloque
borde
bordo
botella
botón
camión
carmín
céntimo
cobarde
coraje
cuartel
chimenea
chocar
dama
decadencia
departamento
derrota
desfilar
destacar
detalle
dibujar
duque
egoísmo
egoísta
emoción
emplear

enfadar
entrevista
entusiasta
este (n.)
etapa
evolución
explotar
extranjero (aj.)
extranjero (n.)
farsa
favorito
fila
flecha
flota
flotar
forjar
fotografía
fotógrafo
funcionario
fusil
gabinete
gala
galán
galante
gallardo
garantía
garantizar
gigantesco
granja
guapo
hotel
instalar
jardín
jaula
jefe
joya
levita
ligero
marchar
millón
moda
montar
musulmán
nivel

norte
país
paisaje
pantalón
paralizar
parlamento
pasaje
perfil
placa
plan
pleito
porvenir
rango
realizar
rechazar
regalar
renta
reproche
resorte
restaurante
revolucionario
romántico
ruta
sargento
sien
silueta
similar
sorprender
sur
surtir
talle
taller
tarjeta
timbre
tranvía
trayectoria
tren
trinchera
tropa
turquesa
ventaja
violeta
vitrina
víveres

2.22 Italian

actitud	colina	grupo
aguantar	concierto	guardia
apoyar	contorno	ingeniero
asalto	corbata	lápiz
atacar	coronel	manejar
balcón	cúpula	marcar
batallón	charlar	medalla
boceto	equilibrio	modelo
brillar	esbelto	muralla
bronce	escopeta	novela
café	fachada	piloto
café (casa)	fanal	pintoresco
campeón	fascismo	recinto
capricho	folleto	relieve
caricia	fracasar	retrato
casino		

2.23 Catalán

avanzar	forastero	presa
bala	guante	reloj
barraca	imprenta	retablo
bosque	linaje	roca
buque	mercader	salvaje
caja	orgullo	semblante
clavel	pantalla	sor
correo	papel	trozo
faena	plantel	vanguardia
falda	pólvora	viaje
farol	prensa	zozobra
festejar		

2.24 Provençal

bailar	fraile	laurel
bello	fray	marqués
bola	gris	marquesa
desastre	homenaje	mensaje
despachar	jamás	patio
embajada	jornada	sostén
estuche		

2.25 Portuguese

traje   vera

2.3 Greek

análisis	enciclopedia	metrópoli
analogía	epílogo	microscopio
anécdota	episodio	místico
anónimo	época	mito
antipatía	epopeya	monarca
arcaico	esclavo	monarquía
aristocracia	escolástico	monasterio
aristocrático	esporádico	música
armonía	esqueleto	panorama
armónico	estético	paradoja
asiático	exótico	patético
astronomía	fantasma	patriota
atmósfera	fantástico	período
autónomo	farmacéutico	pétalo
broma	farmacia	polo
calma	fase	programa
cara	filosofía	prólogo
catástrofe	geografía	protagonista
categoría	geometría	psicología
compatriota	giro	psicólogo
cráneo	hegemonía	retórica
crítica	heróico	simpatía
década	hipótesis	síntesis
democrático	histórico	sistema
diáfano	idea	teléfono
dinámico	lírico	telegrama
dinamismo	mágico	tema
dramático	manía	teoría
eclesiástico	mecánico	tópico
económico	método	trágico
eléctrico		

2.4 Arabic

aceite	andaluz	garra
achacar	arrabal	guitarra
alcalde	arroz	hasta
alcázar	asesino	hazaña
alcoba	auge	jinete
alcohol	azar	limón
aldea	azotea	márfil
alfiler	azúcar	ola
alforja	azulejo	rincón
almacén	barrio	ronda
almanaque	cifra	tarea
alquiler	gabán	taza

2.5 Other Languages

2.51 American Indian

butaca	maíz	tabaco
chocolate	patata	

2.52 Chinese

té

2.53 English

cheque	interviú	racial
club	lord	suicidio
comité	organismo	turista

2.54 German

pistola   regimiento

2.55 Germanic

bigote

2.56 Hebrew

amén

2.57 Dutch

dique   escaparate

2.58 Magyar

coche

ruso

2.59 Swedish

2.6 Unknown, Uncertain

ademán	garbanzo	rebaño
burla	naipe	susto
estribo	perro	zapato

3.0 CREATED WORDS

3.1 Composition

aeroplano	escalofrío	por qué (av.)
aguardiente	ferrocarril	postrero
asimismo	hispanoamericano	sinnúmero
aunque	kilómetro	siquiera (av.)
bienestar	malograr	siquiera (c.)
cualquier	maniobra	sobrenombre
cualquiera	mediodía	sobresalir
demás (aj.)	nordeste	sombrío
demás (pn.)	norteamericano	también
desparramar	pormenor	tampoco
entretanto	porque (c.)	usted

3.2 Agglutination

abajo	alrededor	detrás
acaso	anoche	donde
acerca	aparte	encima
adelante	apenas	enfrente
además	arriba	enseguida
adentro	atrás	entrambas
adiós	ayer	hacia
adonde	debajo	hidalgo
afuera	delante	no obstante
ahí	desde	quizá
ahora	despacio	todavía
alarma	después	

42

3.3 Derivation

3.31 Prefixation

abatir	desproporción	infiel
acercar	disculpa	infiltrar
acoger	emprender	infinito
acomodar	encantar	injusto
acompañar	encargar	inmortal
aguardar	encerrar	inmóvil
aparecer	encubrir	innegable
arremeter	entretener	inofensivo
asemejar	equivaler	insignificante
automóvil	escoger	insólito
avenir	esforzar	insoportable
colaborar	estirar	insospechado
comarca	impaciencia	internacional
combatir	impaciente	inútil
compartir	imposible	inverosímil
componer	impotencia	invisible
comprometer	impureza	irresponsable
confiar	impuro	percatar
conjurar	inagotable	predomino
convivir	incapaz	reacción
corresponder	incesante	reanudar
debatir	incierto	rebuscar
derribar	incomparable	recelar
desaparecer	incompleto	recoger
desarrollar	inconfundible	recomendar
desatar	inconsciente	reconocer
desayuno	inconveniente	reconstrucción
descansar	increíble	reconstruir
descomponer	inculto	recorrer
desconcertar	indeciso	recortar
desconfiar	indefenso	rehacer
desconocer	indefinible	remontar
descubrir	independencia	renacimiento
descuidar	independiente	renegar
desempeñar	indiferencia	repartir
desentender	indiferente	repasar
desesperar	indigno	reponer
deshacer	indirecto	reposar
desigual	indiscreto	reproducir
desigualdad	indiscutible	resaltar
desinterés	indispensable	retirar
deslizar	ineludible	retornar
desparecer	inesperado	reunir
desplegar	inevitable	revivir
despreciar	infeliz	traspasar
desprender		

3.32 Suffixation

abertura
abrumador
absolutamente
abusar
acentuar
aclaración
acontecimiento
acrecentar
actuación
actualmente
adelantar
adivinar
administrativo
admirablemente
admirador
afanoso
afortunadamente
agradable
agradecimiento
agudeza
agujero
alameda
alegrar
alegremente
alegría
alianza
alimentar
almohadón
alojamiento
alteza
altísimo
altura
amargura
amarillento
amenazar
americano
amoroso
angustioso
ansiar
anteriormente
antipático
apacible
aparentemente
apartar
apasionadamente
apetencia
apreciable

apreciación
aproximadamente
aptitud
arbitrariamente
ardoroso
argentino
arqueológico
artificioso
artista
artístico
asaltar
ascendencia
asesinar
asesinato
asombroso
atractivo
aumentar
autoritario
autorizar
aventajar
aventurar
averiguación
azaroso
balancear
bandea
barrera
basar
belleza
beneficiar
bíblico
biológico
blancura
bolsillo
bondadoso
bonito
borrar
borroso
bravura
brindar
brioso
brotar
bruscamente
burgués
burguesía
burlar
cabal
caballería

cacharro
cajón
calificación
callejero
callejuela
calmar
camarada
caminar
campear
campesino
cansancio
cañón
caprichoso
característico
caracterizar
cariñoso
carlista
carretera
casamiento
casar
caserío
caserón
casona
castellano
castizo
casualidad
catedral
catedrático
catolicismo
causar
centenar
cercanía
cercano
cerebral
certeza
ciertamente
ciudadano
civilización
claramente
clientela
cobardía
cochero
coincidencia
colaboración
colaborador
colonia

colonial
colosal
combinación
comedor
comercial
comodidad
compañera
compañero
compañía
competencia
complementar
completamente
completar
comunista
concretamente
concertar
confianza
conmovedor
conocimiento
conquistador
consejero
considerable
considerablemente
consolador
constantemente
constitucional
constitutivo
constructor
contentar
continuamente
contradictorio
convencimiento
conveniencia
cooperación
copiar
cordialidad
cordillera
cordura
corredor
correspondencia
cortés
cortesía
cósmico
crecimiento
creencia
criatura
cronista
cuantía
cuartilla
cuartito
cuidadosamente

cultivador
cultura
cumplimiento
chiquillo
decisivo
decoración
decorativo
definitivamente
definitivo
delicadeza
delicioso
demasiado
dependencia
derrotero
desagradable
desaparición
descubrimiento
desear
deseoso
desesperación
desgraciadamente
despacito
despertar
diario
diccionario
dichoso
dictadura
diferenciar
difícilmente
diplomático
directamente
distancia
distante
diversión
docena
dolorido
doloroso
dominante
dudoso
dulzura
duración
dureza
efectivamente
efectuar
electricidad
elemental
embajador
embriaguez
empezar
empresario
encantador

encontrar
enérgico
ensayar
enseñanza
entendimiento
enteramente
enterar
entrada
entusiasmar
equivocar
escasez
escenario
esclavitud
escondite
escritura
esencialmente
espantoso
especialista
especialmente
esperanza
esquivar
establecer
establecimiento
estadística
estallar
estancia
estatal
estribar
estudiar
eternamente
evidentemente
exactamente
exactitud
excelentísimo
excepcional
excesivo
exclusivamente
experimentar
explotación
expresar
expresivo
expulsar
extrañar
extrañeza
extraordinariamente
extremar
fabuloso
fácilmente
faltar
familiarizar
fatalmente

favorecer	impresionar	lumbrera
fervoroso	individual	luminosidad
fijar	individualismo	llamamiento
filosófico	indudablemente	llanura
finalizar	industrial	llenar
finalmente	influencia	madrileño
fisiológico	ingenioso	madurez
fisionomía	inglés	mandato
flaqueza	ingresar	manifestar
formular	iniciativa	mantón
fortaleza	inmediatamente	mañanero
forzar	innumerable	maravilloso
forzoso	instalación	matricular
francamente	instintivo	mayoría
frecuentemente	integración	mecanismo
frialdad	intelectualismo	medianamente
frivolidad	intensidad	mediano
frontera	interesante	mediar
fugar	interesar	medicinal
funcionamiento	internar	mejicano
funcionar	intimidad	mejorar
fundamental	inútilmente	melancólico
fundamento	inventar	mencionar
fusilar	investigador	mentalmente
generalmente	irónico	mentira
genial	jesuita	meseta
geográfico	jugador	metálico
golondrina	juicioso	metódico
golpear	juntamente	miliciano
gozar	juntar	millar
gracioso	juaramento	minero
grandeza	justamente	ministerial
grosero	laboratorio	minucioso
guarnición	labrador	misterioso
guerrero	labriego	misticismo
gustoso	ladera	mocedad
hallazgo	lealtad	modernamente
helar	lechuza	monárquico
hermosura	lejanía	montón
heroísmo	lejano	morador
herramienta	lenguaje	morisco (aj.)
hidalguía	lentamente	morisco (n.)
historiador	letrero	motivar
holandés	liberalismo	movimiento
humorístico	libremente	muchacha
hundimiento	librería	muchacho
idear	librito	muchísimo
igualmente	ligeramente	mundial
importación	ligereza	nacimiento
importancia	limpiar	nacional
imposibilidad	locura	naturaleza

naturalmente
neblina
necesitar
negrura
nervioso
niñez
nobleza
nombramiento
normalidad
novelesco
novelista
noveno
nuevamente
nutritivo
obligatorio
ocioso
ocurrencia
odiar
ojal
optimismo
optimista
orgánico
organización
organizar
orgulloso
orientación
orientar
originalidad
originar
pañuelo
papeleta
pareja
parlamentario
particularmente
partidario
pasajero
pasar
pasear
pasillo
patriótico
patriotismo
patrono
pedagógico
pelear
peligroso
peninsular
penoso
pensador
pensamiento
pequeño
perezoso

perfeccionar
perfectamente
periódico
periodista
periodístico
personaje
personalidad
personalmente
pesadilla
pesadumbre
peseta
pesimismo
piadoso
picar
pinar
plantear
plenamente
pobreza
poderosamente
poderoso
poquito
portada
portal
portentoso
portería
practicar
pradera
precioso
precisamente
precisar
preferencia
preocupación
presenciar
presidencia
préstamo
presuntuoso
primaveral
primeramente
principalmente
principiar
prisionero
probalemente
procedimiento
profesional
profundamente
progresivo
prolongación
propiamente
propietario
proporcionar
provechoso

provinciano
provisional
psicológico
publicidad
pueblecito
puramente
pureza
radicalmente
ramificación
rápidamente
rápidez
razonable
razonamiento
razonar
realismo
realización
realmente
rebeldía
receloso
recientemente
reconocimiento
recriminación
rectangular
referencia
reflejar
reflexionar
refugiar
registrar
regresar
relacionar
remediar
remotísimo
rendimiento
renglón
representativo
reproducción
republicano
respectivamente
respectivo
respetable
respetar
responsabilidad
responsable
reunión
revolotear
revoltoso
revolucionar
riguroso
riqueza
risueño
rodear

rodilla	sindicato	totalidad
romanticismo	singularmente	totalmente
rosario	situación	trabajador
sabiduría	socialismo	tradicional
sabroso	socialista	tranquilamente
salón	solamente	tranquilizar
saludable	solariego	transparencia
sangriento	solidaridad	trasladar
santísimo	solidez	travesía
satisfactorio	soltar	trepar
seguramente	sombrero	tripulación
semejante	soñar	tristeza
semejanza	sospechoso	últimamente
sencillamente	soviético	únicamente
sencillez	sucesivamente	universitario
sentimental	sucesivo	urbano
sentimiento	suficientemente	urgencia
señalar	sufrimiento	usar
señora	sumamente	utilizar
señorita	superioridad	vagamente
señorito	tardío	vejez
serenar	techumbre	venganza
seriamente	tejado	ventana
serrano	tembloroso	verdaderamente
sevillano	tendencia	verdadero
sexualidad	ternura	verdura
significativo	terraza	viajar
silencioso	timidez	viajero
sillón	típico	viejecita
simbólico	titular	violentamente
simpático	tocar	violentar
simplemente	tontería	voluntario
sindical	torpeza	voluptuosidad

3.33 Prefixation - Suffixation

abordar	ajustar	arrastrar
abrazar	alargar	arrebatar
acabar	alcanzar	arreglar
acertar	alejar	arrollador
aclarar	alumbrar	asegurar
aconsejar	allanar	asombrar
acostar	antojar	asustar
acostumbrar	apanar	avergonzar
acreditar	apasionar	ayuntamiento
agarrar	apoderar	concentrar
agradar	apresurar	desayunar
agradecer	aprovechar	desembarcar
agrandar	aproximar	desenvolvimiento
ahorrar	apuntar	embarcar
ahuyentar	apurar	empeñar

enamorar
engrandecer
enlazar
ensombrecer
entablar

enterrar
entonar
inacabable
irreprochable

reaccionar
reforzar
retrasar
subrayar

3.4 Back Formations

abandono
abono
abrazo
abrigo
acierto
acordar
acuerdo
adorno
afán
alcance
aliento
alivio
amparo
anhelo
antojo
anuncio
apellido
aposento
apoyo
aristocrata
arreglo
asiento
asombro
ataque
ayuda
baile
basta
busca
cambio
carga
cargo
cariño
castigo
caza
cita
cobrar
combate
comienzo
compás
compra
consigna
consuelo
consulta

consumo
contraste
cortejo
cruzar
cuenta
charla
chiste
danza
deleite
demanda
deporte
depósito
desafío
desarrollo
descanso
descuido
desdén
desengaño
desenlace
desgracia
despacho
desprecio
destierro
destino
desván
dibujo
disfraz
disgusto
disputa
duda
embargo
empeño
empleo
encanto
encargo
encuentro
engaño
engendro
enlace
enmienda
enojo
enredo
entierro

envío
escape
esfuerzo
espanto
estampa
fatiga
finca
firma
fracaso
gasto
gobierno
goce
grito
guía
honra
huella
informe
interés
lástima
lucha
mando
manejo
marcha
matiz
mezcla
muestra
olvido
pago
paseo
perdón
perfume
pesca
piso
planta
pliego
pliegue
porte
postre
pregunta
protesta
proyecto
prueba
pugna

rasgo	retiro	tertulia
recelo	retraso	testigo
reclamo	revista	tiro
recompensa	riego	toque
recuerdo	robo	trabajo
reforma	ruego	trance
regalo	saludo	transporte
replica	socorro	trato
reposo	sonrisa	traza
reserva	soplo	trazo
resto	sosiego	visita
resumen	sospecha	vuelo

3.5 Change of Suffix

alguién	curva	maestra
amo	choza	mecánica
barco	derecha	portugués
cigarro	huerta	única
clínica	loma	

3.6 Expressive Formation

ah	bah	hola
ajá	carcajada	oh
ay	garganta	tonto

3.7 Abbreviation

auto	media	sino
cine	piano	teniente

3.8 Change of Function

abandonado	admirado	ambos
abatido	adquirido	ambulante
abierto	afectado	amenazado
abrumado	aficionado	andaluz
absurdo	afortunado	animado
abultado	agitado	antecedente
abundante	agradecido	anterior
aburrido	aislado	anunciado
acabado	alarmado	aparecido
acelerado	alejado	apartado
aceptado	alrededor (n.)	apasionado
acertado	alto	aplicado
acompanado	aludido	apoyado
acostumbrado	amado	apretado
adecuado	amante	aprovechado
adherido	amarillo	aproximado

ardiente
armado
arruinado
ascendente
asistente
asustado
atraído
atrayente
atrevido
avanzado
ayudado
azul
bañado
barato
bárbaro
basado
bastante (aj.)
bastante (av.)
bendito
bien (n.)
blanco
brillante
bueno (av.)
bueno (n.)
cabalmente
caído
calificado
callado
campesino
cansado
capital
característica
cargado
casado
caudal (n.)
celebrado
ceñido
cercado
cerrado
citado
ciudadano
civilizado
claro (av.)
clásico
clasificado
cohibido
colgado
colocado
colorado
combatiente
comerciante

cometido
cómico
comparado
completo
complicado
componente
comprendido
compuesto
comunista
condenado
confiado
confundido
confuso
conmovido
conocido
consagrado
conservador (aj.)
considerado
consignado
consiguiente (aj.)
consiguiente (n.)
constante
constituido
construido
contado
contemplado
contenido
continente
contrario
contribuyente
convencido
conveniente
convertido
correspondiente
corrida (n.)
corriente (aj.)
corriente (n.)
cortado
cosecha
creado
creador (aj.)
crecido
creciente
criada
criado (n.)
cristiano
cruzado
cuadrado
cuanto
cuarto (n.)
cubierta (n.)

cubierto
cuidado
cultivo
cumplido
curado
chino (aj.)[3]
chino (n.)
dado
deber
debido
decadente
decidido
decorado
dedicado
definido
delegado
demasiado (av.)
dependiente
derecho
desaparecido
desarrollado
descendiente
desconocido
descubierto
deseado
desesperado
desgraciado
desierto
designado
desordenado
despedida
desprovisto
destacado
destinado
destruido
detallado
detenido
determinado
determinante
diario
dicho (aj.)
dicho (n.)
dictado
diferente
difuso
dilatado
diputado
dirigente
dirigido
disfrazado
disimulado

dispuesto
distanciado
distinguido
distraído
distribuido
divertido
dividido
doctorado
dominado
donde (pn.)
dorado
dormido
dotado
durante
duro
elegido
elevado
empleado (aj.)
empleado (n.)
empresa
enamorado (aj.)
enamorado (n.)
encantado
encargado
encarnado
encendido
encerrado
encomendado
encontrado
encumbrado
enemigo (aj.)
enfermo
entendido
entrado
entregado
entrometido
envuelto
equivocado
errante
erudito
esclarecido
escondido
escrito (aj.)
escrito (n.)
establecido
estado (condición)
estado (polit.)
estudiado
estudiante
exagerado
exaltado

existente
explicado
expuesto
extendido
extenso
exterior
extremo
fatigado
fecha
final
fingido
firmado
florido
forastero
formado
forzado
fracasado
fresco
fundado
ganado (n.)
general (n.)
grande
grasa
gris
guiado
habitante
hecho
herida (n.)
herido (aj.)
herido (n.)
hispanoamericano
honrado
hueco
humano
hundido
ideal
ignorado
ignorante
iluminado
ilustrado
imponente
importante
impuesto (aj.)
impuesto (n.)
incidente
incluso
inconveniente
indio
individuo
infeliz
infinito

inglés (n.)
iniciado
inspirado
instalado
instruido
intelectual
interesado
interrumpido
invadido
invitado
izquierda
joven
junta (n.)
junto (av.)
jurado
justificado
lamentable
lanzado
largo
leído
levantado
licenciado
ligado
limitado
literato
local
loco
logrado
llamada (n.)
llamado (aj.)
llano (n.)
llegada (n.)
llegado (aj.)
llevado
madrileño (n.)
madrugada
maestro (aj.)
mal (n.)
maldito
malo (n.)
mañana (av.)
manantial
manifiesto
marcado
marina
marino
material
mayor (av.)
mediado
mediante (av.)
médico (aj.)

52

medida (n.)
medido (aj.)
mejor (n.)
mencionado
menguado
menor (n.)
menos (aj.)
menos (n.)
menudo (n.)
merecido
metido
mezclado
militar (n.)
mínimo
mirada
miserable
misma (pn.)
montado
morada
moral
movido
mucho (pn.)
muerto
municipal
musulmán (n.)
nacido
nada (av.)
natural (n.)
necesitado
negativa
ninguna (pn.)
ninguno (pn.)
noble
nublado
nuevo
nutrido
obligado
obrero (aj.)
observado
obsesionado
ocurrido (aj.)
ocurrido (n.)
oficial
ofrecido
oído
olvidado
opuesto
ordenado
organizado
orientado
original

palpitante
parecer
parecido
particular (n.)
partida (n.)
partido (n.)
pasado (aj.)
pasado (n.)
pasajero
pecado
pegado
pendiente (aj.)
pendiente (n.)
penetrante
pensado
peor
pequeño
perdido
permiso
persistente
personal
perteneciente
pesado (n.)
pescado
pesquisa
pintado
placer
plano
planteado
poco (n.)
polémica
político
portugués (n.)
posada (n.)
práctico
precedente (aj.)
precedente (n.)
precedido
preferido
preocupado
preparado
presentado
presente (n.)
presidente (n.)
presidido
preso (aj.)
preso (n.)
prestado
presupuesto
pretendiente
primera (n.)

primero (av.)
principal
privado
procedente
proclamado
producido
producto
profesional
prolongado
promesa
pronunciado
propuesto
provisto
publicado
público
puesto (aj.)
puesto (n.)
puñal
quebrantado
querido
químico
radiante
realizado
recibido
recogido
reconocido
reducido
referente
referido
refinado
regalado
registrado
reinado
reinante
relacionado
rendido
repartido
repetido
representado
representante
republicano
repugnante
reservado
respuesta
restante
resuelto
resultado
retirado
reunido
revolucionario
revuelto

53

ridículo
rodeado
rojo (n.)
romántico (n.)
roto
saber (n.)
sabido
sabio
sacado
salida
saliente
salvaje
salvo (av.)
santa (n.)
santo (n.)
satisfecho
secreto
seguida (n.)
seguido (aj.)
segundo (n.)
seguro (n.)
señalado
sentado
sentido
sentir
separado
ser (n.)
sereno
serio (n.)
sevillano (n.)
significado
siguiente (aj.)

siguiente (n.)
situado
socialista (n.)
soldado (n.)
sólo (av.)
sometido
sonriente
sorprendiente
sorprendido
sorpresa
sostenido
substituido
suelto
sujeto
supuesto
tal (av.)
tal (pn.)
tanto (pn.)
tarde (n.)
tejido
temido
temporal
tendido
tercero (n.)
terminado
terminante
titulado
tocante
todo (pn.)
tomado
torcido

trabajador
traducido
traído
transformado
tratado (n.)
trazado
triunfante
último (n.)
único (n.)
unido
urgente
usado
utilizado
valiente
vano
variado
vencido
venido (aj.)
verde (n.)
vestido (aj.)
vestido (n.)
vibrante
vieja (n.)
viejo (n.)
visitante
vista (n.)
visto (aj.)
vivido
viviente
vuelta (n.)
vuelto (aj.)

NOTES

Chapter II

[1] The following abbreviations are used throughout this study to indicate the different parts of speech: 1. n.-noun; 2. v.-verb; 3. aj.-adjective; 4. av.-adverb; 5. pn.-pronoun; 6. p.-preposition; 7. c.-conjunction; 8. nu.-numeral; 9. a.-article; 10. i.-interjection.

[2] The adjective chino should be included under words borrowed from Latin.

[3] See note 2.

CHAPTER III

FUNCTIONAL SUB-CLASSES

1.0 INHERITED WORDS

(A) Nouns[1]

abeja	batalla	cauce
abogado	beso	caudillo
abril	boca	ceja
abuela	boda	cena
abuelo	bomba	ceniza
academia	bóveda	cera
acero	brazo	cerco
agosto	brote	cielo
agua	caballero	ciento
aguja	caballo	cierto
aire	cabello	cima
ala	cabeza	cimiento
alba	cabo	cinta
alemán	cabra	cintura
alma	cadena	ciudad
almuerzo	calavera	clave
altar	calle	cobre
ama	calor	cocina
amanecer	cama	cola
amenaza	cámara	collar
amiga	camino	color
amigo	camisa	comida
amistad	campana	conde
amor	campaña	condesa
anciano	campo	conejo
antaño	canal	conquista
antiguo	cantábrico	consejo
árbol	canto	copa
arco	capa	corazón
arena	caparazón	corona
arma	capilla	corral
arroyo	carbón	corte
arte	cárcel	corteza
ave	carne	cosa
balanza	carrera	costa
banco	carro	costumbre
bando	carta	cruel
baño	casa	cruz
barba	casita	cuadro
barón	casta	cuchillo
barro	castillo	cuello

cuenca	espiga	hambre
cuento	espina	haya
cuerda	esposa	haz
cuerno	esposo	hebra
cuero	espuma	hecho
cuerpo	esquina	hembra
cuesta	estrella	hermana
cueva	europeo	hermano
cuidado	extraño	hielo
cumbre	faja	hierba
cuna	falta	hierro
cura	fantasía	hija
curso	faz	hijo
chica	fe	hilo
chico	feria	historia
daño	fiebre	hogar
dedo	fiel	hoja
delito	fiesta	hombre
deseo	fin	hombro
deuda	flor	honda
día	fondo	honor
dicha	forma	hora
diciembre	fortuna	horno
diente	francés	huerto
dinero	francesa	hueso
dios	franco	huésped
color	frente	huevo
don	frío	humo
doña	fruto	iglesia
doncella	fuego	infanta
dragón	fuente	infante
dueña	fuerte	infierno
dueño	fuerza	invierno
edad	gallina	ira
eje	gana	isla
enemigo	gato	italiano
enero	gente	jabón
ensayo	golpe	judío
entraña	gordo	juego
ermita	gota	jueves
escala	gozo	juez
escalera	grado	labio
escudo	grande	labor
escuela	griego	lado
espacio	guarda	ladrillo
espada	guerra	ladrón
espalda	gusano	lago
español	habla	lágrima
esparto [2]	hablar	lámpara
espejo	hacha	latín
espía	hacienda	latino

lazo
leche
lecho
legua
lengua
letra
ley
leyenda
lienzo
lino
lista
lomo
lugar
luna
lunes
luz
llama
llanto
madera
madre
maestro
mamá
mañana
mancha
manera
manga
mano
manto
mar
marco
marido
mármol
martillo
marzo
masa
materia
mayo
medio
mejilla
mendigo
menester
mercado
mes
mesa
miedo
miel
miembro
mil
mina
misa
mitad

molino
moneda
monja
monje
montaña
monte
moro
mortal
mosca
moza
mozo
muchedumbre
mueble
mueca
muelle
muerte
mujer
muñeca
muro
nada
nariz
navaja
nave
negro
nervio
nido
niebla
nieto
nieve
niña
niño
noche
nogal
nombre
novia
noviembre
novio
nube
obra
obrero
octubre
ojo
olivo
olor
onda
oreja
orilla
oro
otoño
padre
padrino

pájaro
palabra
palacio
palma
palo
paloma
pan
paño
par
pared
parte
paso
pasta
pastor
pata
pavor
paz
pecho
pedazo
pelo
pena
peña
pereza
perla
peso
pestaña
pez
pico
pie
piedad
piedra
piel
pierna
pieza
pila
pilar
pino
pintor
pintura
plata
plato
playa
plaza
plazo
pluma
pobre
pollo
polvo
pozo
prado
pregón

prenda	salud	tinta
prima	sangre	tío
primavera	sazón	tormenta
primero	sed	torno
primo	seda	toro
príncipe	sello	torre
prisa	selva	traba
prisión	semana	través
provecho	semilla	tregua
pueblo	seña	trigo
puente	señal	tronco
puerta	sendero	una
puerto	seno	uso
puño	señor	vacío
punta	serpiente	valle
punto	servidumbre	valor
rabia	sierra	varón
raíz	siglo	vasco
ramo	silla	vaso
rastro	sobrina	vecina
rato	sobrino	vecindad
raya	sol	vecino
rayo	sombra	vega
razón	sopa	vela
red	sueldo	velo
reina	suelo	vena
reja	sueño	veneno
rencor	suerte	venta
revés	surco	ventura
rey	suspiro	verano
rico	tabla	verdad
riesgo	tallo	vergüenza
río	tamaño	vez
risa	tapia	vía
romance	techo	vida
romano	teja	vidrio
ropa	tela	viento
rostro	temor	vientre
rueda	terreno	viernes
ruido	tesoro	villa
ruina	tez	vino
sábado	tía	víspera
sábana	tiempo	viuda
sabor	tienda	voz
sal	tierra	yeso
sala		

(B) Verbs

abarcar
aborrecer
abrir
acontecer
acordar
acudir
acusar
afrontar
agotar
ahogar
alabar
alentar
almorzar
alzar
amar
amparar
andar
añadir
apagar
aprender
aprobar
arder
armar
arrojar
asentar
atar
atender
atravesar
atrever
ayudar
bajar
bañar
bastar
batir
beber
besar
bordar
buscar
cabalgar
caber
caer
calar
callar
cambiar
cansar
cantar
carecer
cargar
cazar

cegar
cenar
cerrar
clavar
coger
colgar
colmar
comenzar
comer
cometer
compadecer
complacer
comprar
comprender
concebir
confundir
conocer
conquistar
consagrar
conseguir
consentir
consolar
contar
contener
contrastar
convencer
convenir
convidar
correr
cortar
coser
costar
crecer
creer
criar
cuajar
cubrir
cuidar
cumplir
curar
dar
deber
decir
dejar
demostrar
derramar
desdeñar
desnudar
despedir

desvanecer
desviar
detener
disparar
doblar
doler
dormir
durar
echar
empujar
encender
engañar
ensanchar
enseñar
entender
entrar
entregar
enviar
envolver
escapar
esconder
escribir
escuchar
esperar
estar
estorbar
estrechar
extender
fallecer
fiar
florecer
ganar
gastar
gobernar
gritar
guardar
guiar
gustar
haber
hablar
hacer
hallar
heredar
herir
holgar
honrar
huir
hundir
ir

jugar	pegar (unir)	sacudir
jurar	peinar	salir
jugar	pensar	saltar
labrar	percibir	saludar
ladrar	perder	salvar
lanzar	perdonar	seguir
latir	perecer	sembrar
lavar	permanecer	sentar
leer	perseguir	sentir
levantar	pertenecer	ser
lograr	pesar	servir
luchar	pesar^2	sobrar
lucir	pescar	soler
llamar	pintar	someter
llegar	pisar	sonar
llevar	placer	sonreir
llorar	poblar	sospechar
llover	podar	sostener
madrugar	poder	subir
mandar	poder^2	sufrir
matar	poner	suspirar
medir	poseer	tardar
mentir	pregonar	tejer
merecer	preguntar	temblar
meter	prender	temer
mezclar	prestar	tender
mirar	privar	tener
morder	probar	tirar
morir	prometer	tomar
mostrar	quedar	torcer
mover	quejar	tornar
mudar	quemar	trabajar
nacer	querer	traer
nadar	recibir	tragar
navegar	recobrar	trazar
negar	recordar	tropezar
nombrar	regar	vagar
obrar	reír	valer
ofrecer	rendir	velar
oír	reñir	vencer
oler	resbalar	vender
olvidar	responder	vengar
otorgar	retener	venir
padecer	rezar	ver
pagar	robar	verter
parar	rodar	vestir
parecer	rogar	vivir
parir	romper	volar
partir	rozar	volver
pedir	saber	yacer
pegar	sacar	

(C) Adjectives

admirable	escaso	medio
agudo	ese	mejor
ajeno	español	menor
alegre	espeso	menudo
alemán	este	mi
algún	estrecho	mismo
alto	europeo	mucho
amargo	extraño	mudo
amarillo	falso	muerto
ambos	fiel	negro
ancho	firme	ninguno
angosto	francés	nuestro
antiguo	franco	nuevo
aquel	fresco	obscuro
aragonés	frío	oscuro
áspero	fuerte	otro
bajo	germánico	par
blanco	gordo	pardo
blando	gótico	parejo
bravo	grande	peor
breve	grave	pirenáico
británico	griego	pobre
bueno	grueso	poco
cada	harto	primer
caliente	heredero	puro
cantábrico	hermoso	quinto
caro	hispánico	rancio
catalán	hondo	reciente
ciego	hosco	recio
ciento	ibérico	redondo
cierto	igual	rico
claro	italiano	rojo
común	izquierdo	romano
cordobés	junto	rubio
corto	justo	sabio
crudo	largo	sagrado
cuanto	latino	salvo
cuarto	leal	sano
delgado	limpio	seco
derecho	liso	segundo
desnudo	loco	seguro
despierto	llano	sencillo
doble	lleno	sereno
dulce	maduro	soberbio
duro	malo	solo
egipcio	marino	sordo
enfermo	más	su
entero	mayor	sutil

63

tal	triste	vasco
tanto	tu	vecino
tercero	turco	verde
tierno	vacío	viejo
todo	valenciano	vivo
tosco	vano	vuestro

(D) <u>Adverbs</u>

acá	dentro	ni
algo	entonces	no
allá	fuera	nunca
allí	hoy	poco
antes	lejos	recién
aquí	luego	según
así	mal	sí
aun	más	siempre
bajo	mejor	tan
bien	menos	tanto
cerca	mientras	tarde
cómo	mucho	temprano
cuando	muy	ya

(E) <u>Pronouns</u>

algo	ése	otro
alguna	eso	que
alguno	ésta	quien
aquél	éste	quién
aquella	esto	suya
aquello	mía	suyo
cual	mío	toda
cuya	mismo	tú
cuyo	nada	tuya
él	nadie	una
ella	nuestra	uno
ello	nuestro	yo
ésa	otra	

(F) <u>Prepositions</u>

a	de	por
ante	en	según
con	entre	sin
contra	para	sobre
		trás

(G) <u>Articles</u>

el	lo	una
la	un	

(H) Conjunctions

como	o	que
cuando	pero	si
mientras	por tanto	y
ni	pues	ya

(J) Numerals

catorce	noventa	tres
cinco	nueve	uno
cincuenta	ochenta	veinte
cuarenta	ocho	veinticinco
cuatro	once	veinticuatro
diecinueve	quince	veintidós
dieciocho	seis	veintinueve
dieciséis	sesenta	veintocho
diecisiete	setenta	veintiséis
diez	siete	veintisiete
doce	trece	veintitrés
dos	treinta	veintiuno
mil		

2.0 BORROWED WORDS

2.1 Latin

(A) Nouns

abismo	adquisición	ángel
abnegación	afecto	ángulo
abstracción	afición	angustia
absurdo	afinidad	ánima
abundancia	afirmación	animación
abuso	agente	animal
académico	aglomeración	ánimo
accidente	agricultura	ansia
acción	águila	ansiedad
acento	alimento	antigüedad
actividad	almirante	aparato
acto	alteración	apariencia
actor	alumno	apertura
actriz	alusión	apetitio
acusación	amazona	aplauso
adhesión	ambición	aplicación
administración	ambiente	aportación
administrador	ámbito	árabe
admiración	amplitud	archivo
adolescencia	anatomía	área

argumento
aroma
arquetipo
arquitecto
arquitectura
artículo
artífice
asistencia
asociación
aspecto
aspiración
astro
asunto
atención
ateneo
atleta
átomo
atracción
atributo
atrio
audacia
audaz
audiencia
aula
aumento
aurora
ausencia
autor
autoridad
auxilio
barbarie
base
bendición
beneficio
biblioteca
bondad
brevedad
busto
cadáver
cálculo
calendario
calidad
canción
cañón
cantidad
caos
capacidad
capaz
capitán
capítulo
carácter

cardenal
caridad
caso
catálogo
cátedra
católico
causa
celda
celebración
celo
célula
cementerio
centenario
centro
centuria
cerebro
ciclo
ciencia
círculo
circunstancia
claridad
clase
claustro
clave
clérigo
cliente
clima
coacción
código
colección
colega
colegio
cólera
columna
combinación
comedia
comentario
comercio
comisario
comisión
composición
compromiso
comunicación
comunidad
concepción
concepto
concesión
conciencia
conclusión
concurso
condición

conducta
conducto
conductor
confederación
conferencia
confesión
confesor
conflicto
conformidad
confusión
congregación
congreso
conjunto
consecuencia
conservación
conservador
consideración
constitución
construcción
cónsul
contacto
contagio
contestación
continuación
continuidad
contradicción
contraposición
contrariedad
contrato
contribución
convento
conversación
convicción
copia
copla
coro
corrección
creación
creador
crédito
crepúsculo
crimen
crisis
cristal
criterio
crítico
crónica
crueldad
cualidad
cuestión
culpa

culto
cúmulo
curiosidad
dato
debilidad
decisión
declaración
decoro
decreto
defecto
defensa
deficiencia
definición
delegación
delicia
delirio
democracia
demonio
demostración
denominación
depresión
derivación
descripción
destrucción
desviación
detención
determinación
diablo
diálogo
dictamen
dieta
diferencia
dificultad
difunto
difusión
dignidad
deligencia
dimensión
diputación
dirección
director
disciplina
discípulo
discurso
discusión
disertación
disminución
disolución
disposición
distinción
distribución

distrito
diversidad
división
divorcio
docto
doctor
doctrina
documento
dogma
dominación
domingo
dominio
dote
drama
duelo
eco
economía
edición
edificio
editor
educación
efectivo
efecto
eficacia
ejecución
ejemplar
ejemplo
ejercicio
ejército
elaboración
elección
elegancia
elemento
elevación
elocuencia
elogio
emperador
emperatriz
energía
enfermedad
enigma
ensueño
ente
enumeración
envidia
epidermis
era
ermitano
error
erudición
escándalo

escena
escritor
escrúpulo
escultura
esencia
esencial
esfera
especialidad
especie
espectáculo
espectrador
espectro
especulación
espíritu
esquema
estabilidad
estación
estatua
esterilidad
estilo
estímulo
estómago
estrato
estructura
estudio
estúpido
etcétera
eternidad
evangelio
evidencia
evocación
exageración
exaltación
examen
excelencia
excepción
exceso
excursión
exhibición
exigencia
existencia
éxito
expansión
expedición
experiencia
explicación
explosión
exposición
expresión
expreso
extensión

fábrica
fábula
facción
facilidad
factor
facultad
fama
familia
familiar
faro
fatalidad
fauna
favor
felicidad
fenómeno
fermento
fertilidad
fervor
ficción
figura
formación
filiación
filósofo
final
finalidad
fiscal
física
flora
foco
fórmula
fragmento
frase
fraternidad
frecuencia
frenesí
frivolidad
fronda
fruta
fuga
fulgor
función
fundación
furia
futuro
galería
gas
generación
género
genio
germen
gestación

gestión
gesto
gigante
glándula
globo
gloria
gobernador
gracia
gremio
gusto
habitación
hábito
herencia
héroe
himno
horizonte
horror
hospital
hostilidad
humanidad
humildad
humor
identidad
idioma
ídolo
igualdad
ilusión
imagen
imaginación
imperio
ímpetu
impulso
india
índice
indicio
índole
industria
infancia
infinidad
influjo
información
ingenio
ingreso
injuria
inquietud
insecto
instancia
instante
instinto
instrumento
inteligencia

intención
intento
interior
intuición
invento
ironía
itinerario
jerarquía
júbilo
juicio
julio
junio
justicia
juventud
lección
lector
legión
lema
lente
león
lesión
libertad
libro
límite
línea
líquido
litoral
longitud
lujo
luto
magia
magnitud
majestad
malicia
mansión
manuscrito
máquina
maravilla
margen
martir
martirio
matemática
matrimonio
máxima
medicina
médico
médula
melancolía
memoria
mención
mente

merced
mérito
metal
metro
milagro
milicia
milla
ministerio
ministro
minuto
miseria
misión
misterio
modo
momento
monstruo
monumento
mortalidad
motivo
motor
móvil
multitud
mundo
munición
mostrador
municipio
músculo
museo
músico
nación
naufragio
náufrago
navío
necesidad
negocio
noción
norma
nota
notario
noticia
nuca
núcleo
número
obediencia
obispo
objeción
objetivo
objeto
obscuridad
obsesión
obstáculo

ocasión
ocaso
occidente
odio
ofensa
oficina
oficio
operación
opinión
oposición
opresión
orador
orbe
orden
órgano
oriente
origen
paciencia
pacto
página
papá
paraíso
pariente
párrafo
parroquia
pasión
patria
patrimonio
patrón
patronato
pausa
peligro
península
pensión
penumbra
pérdida
perenne
perfección
perito
perjuicio
persona
perspectiva
petróleo
piropo
planeta
población
poema
poesía
poeta
policía
política

porción
posesión
posibilidad
posición
posterior
potencia
práctica
precio
predilección
prejuicio
premio
presencia
presentación
presión
prestigio
pretensión
pretexto
princesa
principio
privilegio
problema
procedencia
procesión
proceso
profesión
profesor
profeta
progreso
próximo
propaganda
propiedad
proporción
proposición
propósito
prosa
protección
providencia
provincia
proyección
proyectar
pudor
quimera
química
radio
rapaz
raza
real
realidad
rebelde
rebelión
recepción

receta
rector
recurso
redacción
reflejo
reflexión
refugio
régimen
región
regla
regreso
reino
relación
relato
religión
remedio
repente
repercusión
repertorio
representación
república
residencia
respecto
respeto
resplandor
resurrección
revolución
ribera
rigor
ritmo
rival
rosa
rótulo
rubor
rumbo
rumor
sacerdote
sacrificio
salvación
salto
santidad
satelite
satisfacción
sección
sector
sede
seguridad
sensación
sentencia
sepulcro
sepultura

serie
servicio
servidor
sesión
sexo
significación
signo
silencio
símbolo
simplicidad
síntoma
sitio
sociedad
solar
solución
sonido
suavidad
substancia
sucesión
suceso
sucesor
sugestión
suma
superficie
superstición
suplicio
suposición
suprimir
taberna
talento
teatro
técnica
temperamento
templo
temporada
tentación
terminación
término
territorio
terror
tesis
testamento
testimonio
texto
tipo
tirano
título
tomo
tono
tormento
torrente

tradición
tragedia
traición
transeunte
transición
tránsito
tribu
tribuna
tribunal
tributo
triunfo
trono
tubo
tumba
turba
última
unidad
uniforme
unión
universidad
universo
vagabundo
vanidad
vapor
vehículo
verbo
versión
verso
vértigo
vestíbulo
vicio
vicisitud
víctima
victoria
vigilancia
vigor
violencia
virgen
virginidad
virrey
virtud
visión
vivienda
vocablo
vocación
volumen
voluntad
voto
vulgo
zona

(B) <u>Verbs</u>

abstener	colocar	denunciar
abundar	comentar	depender
aceptar	comparar	derivar
actuar	compensar	descender
acumular	comprobar	describir
adaptar	comunicar	designar
administrar	conceder	destruir
admirar	concluir	determinar
admitir	concurrir	detestar
adoptar	condenar	devolver
adorar	conducir	dictar
adornar	confesar	difundir
adquirir	confirmar	dilatar
advertir	conformar	dirigir
afectar	congregar	discernir
afeitar	conmover	discurrir
afirmar	conservar	discutir
agitar	considerar	disfrutar
agregar	consignar	disimular
alterar	consistir	disipar
alternar	conspirar	disminuir
aludir	constar	disolver
animar	constituir	dispensar
anular	construir	disponer
anunciar	consultar	disputar
apelar	consumir	distar
aplaudir	contemplar	distinguir
aplicar	contestar	distraer
apreciar	continuar	divertir
arribar	contradecir	dividir
asomar	contraer	divisar
ascender	contribuir	dominar
asignar	conversar	dudar
asignar 3	convertir	edificar
asistir	corregir	educar
aspirar	corroborar	ejecutar
asumir	crear	ejercer
atinar	cultivar	elaborar
atraer	dañar	elegir
atribuir	decidir	elevar
averiguar	declarar	eliminar
calcular	decorar	emanar
calificar	dedicar	emitir
castigar	deducir	encomendar
ceder	defender	engendrar
celebrar	definir	estimar
cesar	deformar	estremecer
circular	deleitar	evitar
citar	denominar	evocar

exagerar	insistir	preparar
exaltar	inspirar	prescindir
examinar	insultar	presentar
exceder	intentar	presentir
excitar	interpretar	presidir
exclamar	interrogar	presumir
exhalar	interrumpir	pretender
exhibir	intervenir	prevalecer
exigir	introducir	prevenir
existir	invadir	prever
explicar	invertir	proceder
exponer	invitar	proclamar
extinguir	irritar	procurar
fabricar	justificar	producir
familiar	lamentar	profesar
felicitar	librar	prohibir
figurar	ligar	prolongar
fingir	limitar	pronunciar
firmar	mantener	propagar
fluir	meditar	proponer
formar	modificar	proseguir
frecuentar	molestar	prosperar
fundar	multiplicar	proteger
fundir	notar	protestar
gemir	obedecer	proveer
girar	obligar	provenir
glosar	observar	provocar
habitar	obstinar	publicar
ignorar	obtener	pulular
iluminar	ocultar	quitar
ilustrar	ocupar	reclamar
imaginar	ocurrir	recrear
imitar	ofender	recurrir
impedir	operar	redactar
imperar	opinar	redimir
implicar	oponer	reducir
imponer	ordenar	referir
importar	ostentar	regir
imprimir	palpitar	regular
inaugurar	pecar	reinar
incitar	penetrar	relatar
inclinar	perdurar	remitir
incluir	perforar	renovar
incorporar	permitir	renunciar
incurrir	persistir	reparar
indicar	plantar	repetir
influir	preceder	replicar
informar	precipitar	representar
infundir	predicar	repugnar
iniciar	preferir	requerir
insinuar	preocupar	reservar

residir	solicitar	terminar
resignar	soportar	tolerar
resistir	sublevar	traducir
resolver	subsistir	transcender
respirar	substituir	transcurrir
restaurar	suceder	transformar
resucitar	sugerir	transmitir
resultar	sujetar	tratar
resumir	sumar	triunfar
retroceder	sumergir	turbar
revelar	superar	unir
revisar	suplicar	vacilar
sacrificar	suplir	variar
satisfacer	suponer	verificar
seducir	surgir	vibrar
separar	suscitar	vigilar
significar	suspender	visitar
simular	sustentar	votar
situar		

(c) Adjectives [4]

absoluto	cándido	corporal
abstracto	capital	correcto
académico	categorico	cotidiano
activo	católico	cristalino
actual	célebre	cristiano
adusto	celeste	crítico
aéreo	científico	culto
agrario	cínico	curioso
agrícola	civil	curvo
amable	clásico	débil
amplio	coetáneo	décimo
análogo	colectivo	delicado
animal	combustible	denso
animoso	cómico	desierto
aparente	cómodo	difícil
árabe	comparable	digno
arbitrario	complejo	directo
árido	completo	discreto
artificial	concreto	distinto
asiduo	conforme	diverso
asiduo[3]	consciente	divino
atento	conservador	docil
augusto	contempóraneo	doméstico
ausente	contento	eficaz
austero	contiguo	ejemplar
autentico	continuo	elegante
ávido	contrario	elocuente
azul	copioso	eminente
bárbaro	cordial	enorme

erudito	glorioso	literario
especial	grato	local
espiritual	hábil	lógico
espléndido	honesto	luminoso
espontáneo	horrible	magistral
esteril	hostil	magnífico
estricto	humano	magno
estupendo	húmedo	manifiesto
estúpido	humilde	marítimo
eterno	idéntico	material
ético	ilustre	matemático
evidente	imaginario	materno
exacto	imperial	máximo
excelente	implacable	medieval
exclusivo	indio	mediocre
exento	indudable	mediterráneo
exquisito	inédito	meridional
exterior	inefable	militar
externo	inexorable	mínimo
extraordinario	infantil	miserable
extravagante	inferior	mixto
extremo	infernal	moderno
fácil	ingenuo	modesto
famoso	inmediato	módico
fastuoso	inmenso	monstruoso
fatal	inocente	moral
favorable	inquieto	múltiple
fecundo	insigne	mutuo
feliz	íntegro	nativo
femenino	inteligente	natural
feroz	intenso	necesario
férreo	interior	necio
fertil	interminable	noble
fijo	interno	nocturno
finito	íntimo	notorio
fino	inverso	objetivo
físico	irresistible	octavo
flaco	joven	oculto
formal	judicial	opaco
formidable	jurídico	oportuno
frágil	juvenil	oral
frecuente	laborioso	ordinario
frenético	latente	original
frondoso	legal	pacífico
fugaz	legítimo	pálido
fúnebre	lento	paralelo
furioso	leve	parcial
futuro	liberal	paterno
general	libre	peculiar
generoso	lícito	perdurable
gentil	lindo	peregrino

perfecto
permanente
perpetuo
plácido
platónico
plebeyo
pleno
poético
político
popular
posible
positivo
posterior
potente
preciso
presente
previo
primario
primitivo
primordial
principal
prodigioso
profundo
pronto
propicio
propio
próximo
prudente
público
pueril
quieto
radical
rápido
raro
real

rebelde
recóndito
recto
regio
regular
religioso
remoto
renovador
ridículo
rígido
robusto
rotundo
rudo
rural
rústico
secreto
secundario
selecto
sensible
sensual
séptimo
serio
severo
sexto
sexual
silvestre
simple
sincero
singular
social
solemne
sólido
solitario
suave
sublime

subterráneo
sucinto
suficiente
sujeto
sumo
superfluo
superior
supremo
técnico
tenaz
tenebroso
terrestre
terrible
terso
tímido
total
tranquilo
transparente
tremendo
ulterior
último
unánime
único
útil
vago
vario
vasto
vehemente
vigente
violento
viril
virtuoso
visible
vital
vulgar

(D) Adverbs

casi
coincidir

pronto

viceversa

2.2 ROMANCE LANGUAGES

2.21 French

(A) Nouns[5]

anverso	egoísmo	pasaje
artillería	emoción	perfil
asamblea	entrevista	placa
avión	este	plan
bachiller	etapa	pleito
bahía	evolución	porvenir
banda	extranjero	rango
banquete	farsa	renta
barricada	fila	reproche
baúl	flecha	resorte
billete	flota	restaurant
blasón	fotografía	ruta
bloque	fotógrafo	sargento
borde	funcionario	sien
bordo	fusil	silueta
botella	gabinete	sur
botón	gala	talle
camión	galán	taller
carmín	garantía	tarjeta
céntimo	granja	timbre
cobarde	hotel	tranvía
coraje	jaula	trayectoria
cuartel	jefe	tren
chimenea	joya	trinchera
dama	levita	tropa
decadencia	millón	turquesa
departamento	moda	ventaja
derrota	nivel	violeta
detalle	norte	vitrina
duque	país	víveres

(B) Verbs

abandonar	dibujar	marchar
analizar	emplear	montar
aportar	enfadar	paralizar
arrancar	explotar	realizar
avisar	flotar	rechazar
chocar	forjar	regalar
desfilar	garantizar	sorprender
destacar	instalar	surtir

(C) Adjectives

barroco
egoísta
entusiasta
extranjero
favorito

galán
galante
gallardo
gigantesco
guapo

ligero
musulmán
revolucionario
romántico
similar

(D) Adverbs

jamás

2.22 Italian

(A) Nouns

actitud
asalto
balcón
batallón
boceto
bronce
café (casa)
café
campeón
capricho
caricia
casino

colina
concierto
contorno
corbata
coronel
cúpula
equilibrio
escopeta
fachada
fanal
facismo
folleto

grupo
guardia
ingeniero
lápiz
medalla
modelo
muralla
novela
piloto
recinto
relieve
retrato

(B) Verbs

aguantar
apoyar
atacar

brillar
charlar
fracasar

manejar
marcar

(C) Adjectives

esbelto

pintoresco

2.23 Catalán

(A) Nouns

bala
barraca
bosque
buque
caja
clavel
correo

faena
falda
farol
guante
imprenta
linaje
mercader

orgullo
pantalla
papel
plantel
pólvora
prensa
presa

77

reloj
retablo
roca

salvaje
sor
trozo

vanguardia
viaje
zozobra

(B) Verbs

avanzar

festejar

(C) Adjectives

forastero

semblante

2.3 Greek

(A) Nouns

análisis
analogía
anécdota
antipatía
aristocracia
armonía
astronomía
atmósfera
broma
calma
cara
catástrofe
categoría
compatriota
cráneo
crítica
década
dinamismo
enciclopedia
epílogo
episodio
época

epopeya
esclavo
esqueleto
fantasma
farmacia
fase
filosofía
geografía
geometría
giro
hegemonía
hipótesis
idea
manía
método
metrópoli
microscopio
mito
monarca
monarquía
monasterio

música
panorama
paradoja
patriota
período
pétalo
polo
programa
prólogo
protagonista
psicología
psicólogo
retórica
simpatía
síntesis
sistema
teléfono
telegrama
tema
teoría
tópico

(B) Adjectives

anónimo
arcaico
aristocrático
armónico
asiático
autónomo
democrático
diáfano
dinámico

dramático
eclesiástico
económico
eléctrico
escolástico
esporádico
estético
exótico
fantástico

farmacéutico
heroico
histórico
lírico
mágico
mecánico
místico
patético
trágico

2.54 German

(A) Nouns
pistola
regimiento
(C) Adjectives
cultural

2.55 Germanic

(A) Nouns
bigote

2.56 Hebrew

(I) Interjections
amén

2.57 Dutch

(A) Nouns
dique
escaparate

2.58 Magyar

(A) Nouns
coche

2.59 Swedish

(C) Adjectives
ruso

2.6 Unknown, Uncertain

(A) Nouns
ademán   burla   estribo
garbanzo   naipe   perro
rebaño   susto   zapato

3.0 CREATED WORDS

3.1 Composition

(A) Nouns

aeroplano	ferrocarril	nordeste
aguardiente	kilómetro	pormenor
bienestar	maniobra	sinnúmero
escalofrío	mediodía	sobrenombre

(B) Verbs

desparramar	malograr	sobresalir

(C) Adjectives

demás	hispanoamericano	norteamericano
entrambas		

(D) Adverbs

asimismo	siquiera	tampoco
entretanto	también	
porque		

(E) Pronouns

cualquier	demás	usted
cualquiera		

(H) Conjunctions

aunque	porque	siquiera

3.2 Agglutination

(A) Nouns

adios	alarma	hidalgo

(D) Adverbs

abajo	adonde	aparte
acaso	afuera	apenas
acerca	ahí	arriba
adelante	ahora	atrás
además	alrededor	ayer
adentro	anoche	debajo

delante   donde   no obstante
despacio   encima   quizá
después   enfrente   todavía
detrás

3.3 Derivation

3.31 Prefixation

(A) Nouns

acoger   desproporción   indiferencia
automóvil   disculpa   predominio
comarca   impaciencia   reacción
desayuno   impotencia   reconstrucción
desigualdad   impureza   renacimiento
desinterés   independencia   triángulo

(B) Verbs

abatir   desconcertar   percatar
acercar   desconfiar   reañudar
acomodar   desconocer   rebuscar
acompañar   descubrir   recelar
aguardar   descuidar   recoger
aparecer   desempeñar   recomendar
arremeter   desentender   reconocer
asemejar   desesperar   reconstruir
avenir   deshacer   recorrer
colaborar   deslizar   recortar
combatir   desparecer   rehacer
compartir   desplegar   remontar
componer   despreciar   renegar
comprometer   desprender   repartir
confiar   emprender   repasar
conjurar   encantar   reponer
convivir   encargar   reposar
corresponder   encerrar   reproducir
debatir   encubrir   resaltar
derribar   entretener   retirar
desaparecer   equivaler   retornar
desarrollar   escoger   reunir
desatar   estirar   revivir
descansar   infiltrar   traspasar
descomponer

(C) Adjectives

desigual   impuro   incesante
impaciente   inagotable   incierto
imposible   incapaz   incomparable

81

inconfundible	indirecto	inmóvil
incompleto	indiscreto	innegable
inconsciente	indiscutible	inofensivo
inconveniente	indispensable	insignificante
increíble	ineludible	insólito
inculto	inesperado	insoportable
indeciso	inevitable	insospechado
indefenso	infeliz	internacional
indefinible	infiel	inútil
independiente	infinito	inverosímil
indiferente	injusto	invisible
indigno	inmortal	irresponsable

3.32 Suffixation

(A) Nouns

abertura	calificación	compañía
aclaración	callejuela	comparación
acontecimiento	camarada	competencia
actuación	campesino	comprensión
admirador	cañón	comunista
agradecimiento	cansancio	confianza
agudeza	carretera	conocimiento
agujero	cartera	conquistador
alameda	casamiento	consejero
alegría	caserío	constructor
alianza	caserón	convencimiento
almohadón	casona	conveniencia
alojamiento	castellano	cooperación
alteza	casualidad	cordialidad
altura	catedral	cordillera
amargura	catedrático	cordura
apetencia	catolicismo	corredor
apreciación	centenar	correspondencia
aptitud	cercanía	cortesía
artista	certeza	crecimiento
ascendencia	civilización	creencia
asesinato	clientela	criatura
averiguación	cobardía	cronista
bandera	cochero	cuantía
barrera	coincidencia	cuartilla
belleza	colaboración	cuartito
blancura	colaborador	cultivador
bolsillo	colonia	cultura
bravura	combinación	cumplimiento
burguesía	comedor	chiquillo
caballería	comodidad	decoración
cacharro	compañera	delicadeza
cajón	compañero	dependencia

derrotero
desaparición
descubrimiento
desesperación
diccionario
dictadura
diplomático
distancia
diversión
docena
dulzura
duración
dureza
electricidad
embajador
embriaguez
empresario
enseñanza
entendimiento
entrada
escasez
escenario
esclavitud
escondite
escritura
especialista
especialmente
esperanza
establecimiento
estadística
estancia
exactitud
explotación
extrañeza
fisionomía
flaqueza
fortaleza
frialdad
frivolidad
frontera
funcionamiento
fundamento
golondrina
grandeza
guarnición
hallazgo
hermosura
heroísmo
herramienta
hidalugía
historiador

hundimiento
importación
importancia
imposibilidad
individualismo
influencia
iniciativa
inmediatamente
instalación
integración
intelectualismo
intensidad
intimidad
investigador
jesuita
jugador
juramento
laboratorio
labrador
labriego
ladera
lealtad
lechuza
lejanía
lenguaje
letrero
liberalismo
librería
librito
ligereza
llamamiento
llanura
locura
lumbrera
luminosidad
madurez
mandato
mantón
mayoría
mecanismo
mentira
meseta
miliciano
misticismo
mocedad
montón
morador
morisco
movimiento
muchacha
muchacho

nacimiento
naturaleza
neblina
negrura
niñez
nobleza
nombramiento
normalidad
novelista
ocurrencia
ojal
optimismo
orientación
originalidad
pañuelo
papeleta
pareja
parlamentario
partidario
pasillo
patriotismo
patrono
pensador
pensamiento
periódico
periodista
personaje
personalidad
pesadilla
pesadumbre
peseta
pesimismo
pinar
pobreza
portada
portal
portería
pradera
preferencia
preocupación
presidencia
préstamo
prisionero
precedimiento
prolongación
propietario
publicidad
pueblecito
pureza
ramificación
rapidez

razonamiento	sencillez	ternura
realismo	señora	terraza
realización	señorita	timidez
rebeldía	señorito	tontería
reconocimiento	sentimiento	torpeza
recriminación	sexualidad	totalidad
referencia	sillón	transparencia
rendimiento	sinceridad	travesía
renglón	sindicato	tripulación
reproducción	situación	tristeza
responsabilidad	socialismo	urgencia
reunión	solidaridad	vejez
riqueza	solidez	venganza
rodilla	sombrero	ventana
romanticismo	sufrimiento	verdura
rosario	superioridad	viajero
sabiduría	techumbre	viejecita
salón	tejado	voluptuosidad
semejanza	tendencia	

(B) <u>Verbs</u>

abusar	casar	favorecer
acentuar	causar	fijar
acompañar	complementar	finalizar
acrecentar	completar	formular
adelantar	concretar	forzar
adivinar	contentar	fugar
alegrar	copiar	funcionar
alimentar	desear	fusilar
amenazar	despertar	golpear
ansiar	diferenciar	gozar
apartar	efectuar	helar
arribar	empezar	idear
asaltar	encontrar	impresionar
asesinar	ensayar	ingresar
aumentar	enterar	interesar
autorizar	entusiasmar	internar
aventajar	equivocar	inventar
aventurar	esquivar	juntar
balancear	establecer	limpiar
basar	estallar	llenar
beneficiar	estribar	manifestar
borrar	estudiar	matricular
brindar	experimentar	mediar
brotar	expresar	mejorar
burlar	expulsar	mencionar
calmar	extrañar	millar
caminar	extremar	motivar
campear	faltar	necesitar
caracterizar	familiarizar	odiar

organizar
orientar
originar
pasar
pasear
pelear
perfeccionar
picar
plantear
practicar
precisar
presenciar
principiar

proporcionar
razonar
reflejar
reflexionar
refugiar
registrar
regresar
relacionar
remediar
respetar
revolotear
revolucionar
rodear

señalar
serenar
soltar
soñar
titular
tocar
tranquilizar
trasladar
trepar
usar
utilizar
viajar
violentar

(C) Adjectives

abrumador
administrativo
afanoso
agradable
altísimo
amarillento
americano
amoroso
angustioso
antipático
apacible
apreciable
ardoroso
argentino
arqueológico
artificioso
artístico
asombroso
atractivo
autoritario
azaroso
bíblico
biológico
bondadoso
bonito
borroso
brioso
burgués
cabal
callejero
caprichoso
característico
cariñoso
carlista

castellano
castizo
central
cercano
cerebral
ciudadano
colonial
colosal
comercial
conmovedor
conservador [6]
considerable
consolador
constitucional
constitutivo
contradictorio
cortés
cósmico
creador[6]
decisivo
decorativo
definitivo
delicioso
demasiado
desagradable
deseoso
diario
dichoso
diplomático
distante
dolorido
doloroso
dominante
dudoso

elemental
encantador
enérgico
espantoso
estatal
excelentísimo
excepcional
excesivo
expresivo
fabuloso
fervoroso
filosófico
fisiológico
forzoso
fundamental
genial
geográfico
gracioso
grosero
guerrero
gustoso
holandés
humorístico
individual
industrial
ingenioso
inglés
innumerable
instintivo
interesante
irónico
juicioso
lejano
madrileño

mañanero
maravilloso
mediano
medicinal
mejicano
melancólico
metálico
metódico
minero
ministerial
minucioso
misterioso
monárquico
morisco
muchísimo
mundial
nacional
nervioso
novelesco
noveno
nutritivo
obligatorio
ocioso
optimista
orgánico
orgulloso
oriental
pasajero
patriótico
pedagógico

peligroso
peninsular
penoso
pequeño
perezoso
periodístico
piadoso
poderoso
poquito
portentoso
precioso
presuntuoso
primaveral
profesional
progresivo
provechoso
provinciano
provisional
psicológico
razonable
receloso
rectangular
remotísimo
representativo
republicano
respectivo
respetable
responsable
revoltoso
riguroso

risueño
sabroso
saludable
sangriento
santísimo
satisfactorio
semejante
sentimental
serrano
sevillano
significativo
silencioso
simbólico
simpático
sindical
socialista
solariego
sombrío
sospechoso
soviético
tardío
tembloroso
típico
trabajador
tradicional
universitario
urbano
verdadero
voluntario

(D) Adverbs

absolutamente
actualmente
admirablemente
afortunadamente
alegremente
anteriormente
aparentemente
apasionadamente
aproximadamente
arbitrariamente
bruscamente
ciertamente
claramente
completamente
concretramente
considerablemente
constantemente
continuamente

cuidadosamente
definitivamente
desgraciadamente
despacito
difícilmente
directamente
efectivamente
enteramente
esencialmente
eternamente
evidentemente
exactamente
exclusivamente
extraordinariamente
fácilmente
fatalmente
finalmente
francamente

frecuentemente
generalmente
igualmente
indudablemente
inútilmente
juntamente
justamente
lentamente
libremente
ligeramente
medianamente
mentalmente
modernamente

naturalmente
nuevamente
particularmente
perfectamente

personalmente   rápidamente   sucesivamente
plenamente   realmente   suficientemente
poderosamente   recientemente   sumamente
precisamente   respectivamente   totalmente
primeramente   seguramente   tranquilamente
principalmente   sencillamente   últimamente
probablemente   seriamente   únicamente
profundamente   simplemente   vagamente
propiamente   singularmente   verdaderamente
puramente   solamente   violentamente
radicalmente

3.33 Prefixation - Suffixation

(A) Nouns

ayuntamiento   desenvolvimiento   desesperacion

(B) Verbs

abordar   alejar   avergonzar
abrazar   alumbrar   concentrar
acabar   allanar   desayunar
acertar   antojar   desembarcar
aclarar   apañar   embarcar
aconsejar   apasionar   empeñar
acostar   apoderar   enamorar
acostumbrar   apresurar   engrandecer
acreditar   aprovechar   enlazar
agarrar   aproximar   ensombrecer
agradar   apuntar   entablar
agradecer   apurar   enterrar
agrandar   arrastrar   entonar
ahorrar   arrebatar   esforzar
ahuyentar   arreglar   reaccionar
ajustar   asegurar   reforzar
alargar   asombrar   retrasar
alcanzar   asustar   subrayar

(C) Adjectives

arrollador   inacabable   irreprochable

3.4 Back Formations

(A) Nouns

abandono   abrigo   adorno
abono   acierto   afán
abrazo   acuerdo   alcance

aliento	desprecio	perdón
alivio	destierro	perfume
amparo	destino	pesca
anhelo	desván	piso
antojo	dibujo	planta
anuncio	disfraz	pliego
apellido	disgusto	pliegue
aposento	disputa	porte
apoyo	duda	postre
aristocrata	embargo	pregunta
arreglo	empeño	protesta
asiento	empleo	proyecto
asombro	encanto	prueba
ataque	encargo	pugna
ayuda	encuentro	rasgo
baile	engaño	recelo
busca	engendro	reclamo
cambio	enlace	recompensa
carga	enmienda	recuerdo
cargo	enojo	reforma
cariño	enredo	regalo
castigo	entierro	replica
caza	envío	reposo
cita	escape	reserva
combate	esfuerzo	resto
comienzo	espanto	resumen
compás	estampa	retiro
compra	fatiga	retraso
consigna	finca	revista
consuelo	firma	riego
consulta	fracaso	robo
consumo	gasto	ruego
contraste	gobierno	saludo
cortejo	goce	socorro
cuenta	grito	sonrisa
charla	guía	soplo
chiste	honra	sosiego
danza	huella	sospecha
deleite	informe	tertulia
demanda	interés	testigo
deporte	lástima	tiro
depósito	lucha	toque
desafío	mando	trabajo
desarrollo	manejo	trance
descanso	marcha	transporte
descuido	matiz	trato
desdén	mezcla	traza
desengaño	muestra	trazo
desenlace	olvido	visita
desgracia	pago	vuelo
despacho	paseo	

(B) Verbs

acordar   cobrar   cruzar

(I) Interjections

basta

3.5 Change of Suffix

(A) Nouns

amo   curva   loma
barco   choza   maestra
cigarro   derecha   mecánica
clínica   huerta   única

(B) Adjectives

portugués

(C) Pronouns

alguien

3.6 Expressive Formations

(A) Nouns

carcajada   garganta

(B) Adjectives

tonto

(I) Interjections

ah   ay   hola
ajá   bah   oh

3.7 Abbreviation

(A) Nouns

auto   media   teniente
cine   piano

(H) Conjunctions

sino

3.8 Change of Function

(A) Nouns [7]

alrededor	diputado	local
alto	dirigente	loco
amante	doctorado	llamada
amarillo	duro	llano
andaluz	empleado	llegada
anterior	empresa	madrileño
asistente	enamorado	madrugada
azul	enfermo	mal
bárbaro	erudito	malo
bien	escrito	manatial
blanco	estado (pol. body)	manifiesto
bueno	estado	marina
capital	estudiante	marino
característica	exterior	material
caudal	extremo	mayor
ciudadano	fecha	medida
clásico	final	mejor
combatiente	forastero	menor
comerciante	fresco	menos
cómico	ganado	menudo
completo	general	militar
componente	grande	mínimo
consiguiente	grasa	mirada
contenido	gris	miserable
continente	habitante	morada
contrario	herida	moral
contribuyente	herido	muerto
corrida	hispanoamericano	municipal
corriente	hueco	musulmán
cosecha	humano	natural
criada	ideal	negativa
criado	impuesto	noble
cristiano	incidente	nuevo
cuarto	inconveniente	ocurrido
cubierta	indio	oficial
cultivo	individuo	oído
chino	infeliz	original
deber	infinito	parecer
delegado	inglés	particular
dependiente	intelectual	partida
derecho	izquierda	partido
descendiente	joven	pasado
desierto	junta	pasajero
despedida	jurado	pecado
diario	largo	pendiente
dicho	licenciado	

90

pequeño	reinado	serio
permiso	representante	sevillano
personal	republicano	significado
pescado	respuesta	siguiente
pesquisa	restante	socialista
placer	resultado	soldado
plano	revolucionario	sorpresa
poco	ridículo	sujeto
polémica	rojo	tarde
político	romántico	tejido
portugués	saber	temporal
posada	sabio	tercero
precedente	salida	trabajador
presente	salvaje	tratado
presidente	santa	último
preso	santo	único
presupuesto	secreto	vano
pretendiente	seguida	verde
principal	segundo	vestido
producto	seguro	vieja
profesional	sentido	viejo
promesa	sentir	visitante
público	ser	vista
puesto	sereno	vuelta
puñal		

(C) Adjectives

abandonado	aislado	atraído
abatido	alarmado	atrayente
abierto	alejado	atrevido
abrumado	aludido	avanzado
absurdo	amado	ayudado
abultado	ambulante	bañado
abundante	amenazado	barato
aburrido	animado	basado
acabado	antecedente	bastante
acelerado	anunciado	bendito
aceptado	aparecido	brillante
acertado	apartado	caído
acompañado	apasionado	calificado
acostumbrado	aplicado	callado
adecuado	apoyado	campesino
adherido	apretado	cansado
admirado	aprovechado	cargado
adquirido	aproximado	casado
afectado	ardiente	celebrado
aficionado	armado	ceñido
afortunado	arruinado	cercado
agitado	ascendente	cerrado
agradecido	asustado	citado

civilizado	desconocido	equivocado
clasificado	descubierto	errante
cohibido	deseado	esclarecido
colgado	desesperado	escondido
colocado	desgraciado	escrito
coloreado	designado	establecido
cometido	desordenado	estudiado
comparado	desprovisto	exagerado
complicado	destacado	exaltado
comprendido	destinado	existente
compuesto	destruido	explicado
comunista	detallado	expuesto
condenado	detenido	extendido
confiado	determinado	extenso
confundido	determinante	fatigado
confuso	dicho	fingido
conmovido	diferente	firmado
conocido	difuso	florido
consagrado	dilatado	formado
considerado	dirigido	forzado
consignado	disfrazado	fracasado
consiguiente	disimulado	fundado
constante	dispuesto	guiado
constituido	distanciado	hecho
construido	distinguido	herido
contado	distraído	honrado
contemplado	distribuido	hundido
convencido	divertido	ignorado
conveniente	dividido	ignorante
convertido	dominado	iluminado
correspondiente	dorado	ilustrado
corriente	dormido	imponente
cortado	dotado	importante
creado	elegido	impuesto
crecido	elevado	incluso
creciente	empleado	iniciado
cruzado	enamorado	inspirado
cuadrado	encantado	instalado
cubierto	encargado	instruido
cumplido	encarnado	interesado
curado	encendido	interrumpido
chino	encerrado	invadido
dado	encomendado	invitado
debido	encontrado	justificado
decadente	encumbrado	lamentable
decidido	enemigo	lanzado
decorado	entendido	leído
dedicado	entrado	levantado
definido	entregado	ligado
desaparecido	entrometido	limitado
desarrollado	envuelto	logrado

llamado	precedente	roto
llegado	precedido	sabido
llevado	preferido	sacado
maestro	preocupado	saliente
maldito	preparado	satisfecho
marcado	presentado	seguido
mediado	presidido	señalado
médico	preso	sentado
medido	prestado	separado
mencionado	privado	siguiente
menguado	procedente	situado
menos	proclamado	sometido
merecido	producido	sonriente
metido	prolongado	sorprendente
mezclado	pronunciado	sorprendido
montado	propuesto	sostenido
movido	provisto	substituido
nacido	publicado	suelto
necesitado	puesto	supuesto
nublado	quebrantado	temido
nutrido	querido	tendido
obligado	químico	terminado
obrero	radiante	terminante
observado	realizado	titulado
obsesionado	recibido	tocante
ocurrido	recogido	tomado
ofrecido	reconocido	torcido
olvidado	reducido	traducido
opuesto	referente	traído
ordenado	referido	transformado
organizado	refinado	trazado
orientado	regalado	triunfante
palpitante	registrado	unido
parecido	reinante	urgente
pasado	relacionado	usado
pegado	rendido	utilizado
pendiente	repartido	valiente
penetrante	repetido	variado
pensado	representado	vencido
perdido	repugnante	venido
persistente	reservado	vestido
perteneciente	resuelto	vibrante
pesado	retirado	visto
pintado	reunido	vívido
planteado	revuelto	viviente
práctico	rodeado	vuelto

(D) Adverbs

bastante	durante	peor
bueno	junto	primero
claro	mañana	salvo
cuidado	mediante	sólo
demasiado	nada	tal

(E) Pronouns

ambos	mucho	tal
cuanto	ninguna	tanto
donde	ninguno	todo
misma		

(H) Conjunctions

NOTES

Chapter III

[1] Año, caña, pesar and poder should also be included under inherited nouns.

[2] The verbs pesar and poder should be listed only once.

[3] The verb asignar and the adjective asiduo should be listed only once.

[4] The adjectives chino and ideal should be included under adjectives borrowed from Latin.

[5] The noun jardín should be included under nouns borrowed from French.

[6] The adjectives conservador and creador should be listed under "change of function" adjectives, 3.8(C).

[7] Dictado should be included under "change of function" nouns.

[8] See note 4.

CHAPTER IV

PHYSICAL SUB-CLASSES

1.0 INHERITED WORDS

(A) <u>Monosyllabics</u>

a	ley	quien
bien	lo	quién
con	luz	red
criar	mal	rey
cruel	mar	sal
cruz	más (aj.)	sed
cual	más (av.)	seis
dar	mas (c.)	ser
de	mes	si
diez	mi	sí
dios	miel	sin
don	mil (n.)	sol
dos	mil (nu.)	su
el	muy	tal
él	ni (av.)	tan
en	ni (c.)	tez
faz	no	tras
fe	o	tres
fiar	pan	tu
fiel (aj.)	par (aj.)	tú
fiel (n.)	par (n.)	un
fin	paz	ver
flor	pez	vez
haz	pie	voz
hoy	piel	y
huir	por	ya
ir	pues	ya
fuez	que (c.)	yo
la	que (pn.)	

(B) <u>Bisyllabics</u>

abril	algo (pn.)	ama
abrir	algún	amar
acá	allá	ambos
agua	allí	amor
aire	alma	ancho
ala	altar	andar
alba	alto	año
algo (av.)	alzar	

97

ante	cama	comprar
antes	cambiar	común
aquel (aj.)	campo	conde
aquél (pn.)	caña	contar
aquí	canal	contra
árbol	cansar	copa
arco	cantar	corral
arder	canto	correr
arma	capa	cortar
armar	carbón	corte
arte	cárcel	corto
así	cargar	cosa
atar	carne	coser
aun	caro	costa
ave	carro	costar
bajar	carta	crecer
bajo (aj.)	casa	creer
bajo (av.)	casta	crudo
banal	cauce	cuadro
banco	cazar	cuajar
bando	cegar	cuando
baño	ceja	cuándo
barba	cena	cuanto
barón	cenar	cuarto
barro	cera	cuatro
bastar	cerca	cubrir
batir	cerco	cuello
beber	cerrar	cuenca
besar	ciego	cuento
beso	cielo	cuerda
blanco	ciento (n.)	cuerno
blando	ciento (nu.)	cuero
boca	cierto (aj.)	cuerpo
boda	cierto (n.)	cuesta
bomba	cima	cueva
bordar	cinco	cuidar
bravo	cinta	cumbre
brazo	ciudad	cumplir
breve	claro	cuna
brote	clavar	cura
bueno	clavo	curar
buscar	cobre	curso
caber	coger	cuya
cabo	cola	cuyo
cabra	colgar	chica
cada	colmar	chico
caer	color	daño
calar	collar	deber
calor	comer	decir
callar	como	dedo
calle	cómo	dejar

dentro	frío (aj.)	hilo
desviar	frío (n.)	hogar
deuda	fruto	hoja
día	fuego	holgar
dicha	fuente	hombre
diente	fuera	hombro
doblar	fuerte (aj.)	honda
doble	fuerte (n.)	hondo
doce	fuerza	honor
doler	gana	honrar
dolor	ganar	hora
doña	gastar	horno
dormir	gato	hosco
dragón	gente	huerto
dueña	golpe	hueso
dueño	gordo (aj.)	huésped
dulce	gordo (n.)	huevo
durar	gota	humo
duro	gozo	hundir
echar	grando	igual
edad	grande	ira
eje	grand	isla
ella	grave	jabón
ello	griego (aj.)	juego
entrar	griego (n.)	jueves
entre	gritar	jugar
enviar	grueso	junto
esa	guarda	jurar
ese	guardar	justo
ése	guerra	juzgar
eso	guiar	labio
esta	gustar	labor
estar	haber	labrar
este	habla	lado
éste	hablar (n.)	ladrar
esto	hablar (v.)	ladrón
faja	hacer	lago
falso	hacha	lanzar
falta	hallar	largo
feria	hambre	latín
fiebre	harto	latino[1]
fiesta	haya	latir
firme	hebra	lavar
fondo	hecho	lazo
forma	hembra	leal
francés (aj.)	herir	leche
francés (n.)	hielo	lecho
franco (aj.)	hierba	leer
franco (n.)	hierro	legua
frente	hija	lejos
fresco	hijo	lengua

99

letra	mezclar	niña
lienzo	mía	niño
limpio	miedo	noche
lino	miembro	nogal
liso	mientras (av.)	nombrar
lista	mientras (c.)	nombre
loco	mina	novia
lograr	mío	novio
lomo	mirar	nube
luchar	misa	nuestra
lucir	mismo (aj.)	nuestro (aj.)
luego	mismo (pn.)	nuestro (pn.)
lugar	mitad	nueve
luna	monja	nuevo
lunes	monje	nunca
llama	monte	obra
llamar	morder	obrar
llano	morir	ocho
llanto	moro	oír
llave	mortal	ojo
llegar	mosca	oler
lleno	mostrar	olor
llevar	mover	once
llorar	moza	onda
llover	mozo	oro
lluvia	mucho (aj.)	otra
madre	mucho (av.)	otro (aj.)
malo	mudar	otro (pn.)
mamá	mudo	padre
mancha	mueble	pagar
mandar	mueca	palma
manga	muelle	palo
mano	muerte	pano
manto	muerto	para
marco	mujer	parar
mármol	muro	pardo
marzo	nacer	pared
masa	nada (av.)	parir
matar	nada (pn.)	parte
mayo	nadar	partir
mayor	nadie	paso
medio (aj.)	nariz	pasta
medio (n.)	nave	pastor
medir	negar	pata
mejor (aj.)	negro (aj.)	pavor
mejor (av.)	negro (n.)	pecho
menor	nervio	pedir
menos	nido	pegar
mentir	niebla	pegar (unir)
mesa	nieto	peinar
meter	nieve	pelo

pena	privar	ruido
peña	probar	ruina
pensar	pueblo	saber
peor	puente	sabio
perder	puerta	sabor
perla	puerto	sacar
pero	puño	sala
pesar (n.)	punta	salir
pesar (v.)	punto	saltar
pescar	puro	salud
peso	quedar	salvar
pico	quejar	salvo
piedad	quemar	sangre
piedra	querer	sano
pierna	quince	sazón
pieza	quinto	seco
pila	rabia	seda
pilar	raíz	seguir
pino	ramo	según (av.)
pintar	rancio	según (p.)
pintor	rastro	sello
pisar	rato	selva
placer	raya	sembrar
plata	rayo	seno
plato	razón	sentar
playa	recién	sentir
plaza	recio	seña
plazo	regar	señal
pluma	reina	señor
poblar	reír	servir
pobre (aj.)	reja	siempre
pobre (n.)	rencor	sierra
poco (aj.)	rendir	siete
poco (av.)	reñir	siglo
podar	revés	silla
poder (n.)	rezar	sobrar
poder (v.)	rico (aj.)	sobre
polvo	rico (n.)	soler
pollo	riesgo	solo
poner	río	sombra
pozo	risa	sonar
prado	robar	sopa
pregón	rodar	sordo
prenda	rogar	subir
prender	rojo	sueldo
prestar	romper	suelo
prima	ropa	sueño
primer	rostro	suerte
primo	rozar	sufrir
prisa	rubio	surco
prisión	rueda	sutil

suya	toro	veinte
suyo	torre	vela
tabla	tosco	velar
tallo	traba	velo
tanto (aj.)	traer	vena
tanto (av.)	tragar	vencer
tapia	través	vender
tardar	trazar	vengar
tarde	trece	venir
techo	tregua	venta
teja	treinta	verdad
tejer	trigo	verde
tela	triste	verter
temblar	tronco	vestir
temer	turco	vía
temor	tuya	vida
tender	una (av.)	vidrio
tener	una (pn.)	viejo
tía	uno (aj.)	viento
tiempo	uno (pn.)	vientre
tienda	uso	viernes
tierno	vagar	villa
tierra	valer	vino
tinta	valle	viuda
tío	valor	vivir
tirar	vano	vivo
toda	varón	volar
todo	vasco (aj.)	volver
tomar	vasco (n.)	vuestro
torcer	vaso	yacer
tornar	vega	yeso
torno		

(C) <u>Trisyllabics</u> [2]

abarcar	alegre	antaño
abeja	alemán (aj.)	antiguo (aj.)
abuela	alemán (n.)	antiguo (n.)
abuelo	alentar	apagar
acero	alguna	aprender
acordar	alguno	aprobar
acudir	almorzar	aquella
acusar	almuerzo	aquello
afrontar	amargo	arena
agosto	amiga	arrojar
agotar	amigo	arroyo
agudo	amistad	asentar
aguja	amparar	áspero
ahogar	añadir	atender
ajeno	anciano	atrever
alabar	angosto	ayudar

balanza
batalla
bóveda
cabalgar
caballo
cabello
cabeza
cadena
caliente
cámara
camino
camisa
campana
campaña
capilla
carecer
carrera
casita
castillo
catalán
catorce
caudillo
ceniza
cimiento
cincuenta
cintura
cocina
comenzar
cometer
comida
complacer
comprender
concebir
condesa
conejo
confundir
conocer
conquista
conquistar
consagrar
conseguir
consejo
consentir
consolar
contener
contrastar
convencer
convenir
convidar
corazón

cordobés
corona
corteza
costumbre
cuarenta
cuchillo
cuidado
delgado
delito
demostrar
derecho
derramar
desdeñar
deseo
desnudar
desnudo
despedir
despierto
detener
diciembre
dieciséis
dinero
disparar
doncella
egipcio
empujar
encender
enero
enfermo
engañar
ensanchar
ensayo
enseñar
entender
entero
entonces
entraña
entregar
envolver
ermita
escala
escapar
escaso
esconder
escribir
escuchar
escudo
escuela
espacio
espada

espalda
español (aj.)
español (n.)
esparto
espejo
esperar
espeso
espía
espiga
espina
esposa
esposo
espuma
esquina
estorbar
estrechar
estrecho
estrella
extender
extraño (aj.)
extraño (n.)
fallecer
florecer
fortuna
francesa
gallina
gobernar
gótico
gusano
hacienda
heredar
hermana
hermano
hermoso
historia
iglesia
infanta
infante
infierno
invierno
izquierdo
judío
ladrillo
lágrima
lámpara
latino (aj.)
latino (n.)
levantar
leyenda
madera

madrugar	palabra	semana
maduro	palacio	semilla
maestro	paloma	sencillo
manera	parecer	sendero
mañana	parejo	sereno
marido	pedazo	serpiente
marino	percibir	sesenta
martillo	perdonar	setenta
materia	perecer	soberbio
mejilla	pereza	sobrina
mendigo	perseguir	sobrino
menester	pestaña	someter
menudo	pintura	sonreír
mercado	por tanto	sospechar
merecer	poseer	sostener
molino	pregonar	suspirar
moneda	preguntar	suspiro
montaña	primero	tamaño
muñeca	príncipe	temprano
navaja	prometer	tercero
navegar	provecho	terreno
ninguno	recibir	tesoro
noventa	reciente	tormenta
noviembre	recobrar	trabajar
obrero	recordar	tropezar
obscuro	redondo	vacío (aj.)
ochenta	resbalar	vacío (n.)
octubre	responder	vecina
ofrecer	retener	vecindad
olivo	romance	vecino (aj.)
olvidar	romano (aj.)	vecino (n.)
oreja	romano (n.)	veintidós
orilla	sábado	veintiséis
oscuro	sábana	veintitrés
otoño	sacudir	veneno
otorgar	sagrado	ventura
padecer	saludar	verano
padrino	segundo	víspera
pájaro	seguro	

(D) <u>Quadrisyllabics</u> 3

aborrecer	atravesar	desvanecer
academia	británico	diecinueve
acontecer	caballero	dieciocho
admirable	calavera	diecisiete
amanecer	cantábrico (aj.)	enemigo
amarillo	cantábrico (n.)	escalera
amenaza	caparazón	europeo (aj.)
aragonés	compadecer	europeo (n.)

104

fantasía	muchedumbre	veinticinco
germánico	permanecer	veinticuatro
heredero	pertenecer	veintinueve
hispánico	pirenaico	veintiocho
ibérico	primavera	veintisiete
italiano (aj.)	servidumbre	veintiuno
italiano (n.)	valenciano	vergüenza

2.0 BORROWED WORDS

2.1 Latin

(A) Monosyllabics

fluir   gas

(B) Bisyllabics[4]

acción	concluir	facción
acto	constar	fácil
actor	construir	factor
actriz	cónsul	fama
actual	copia	faro
actuar	copla	fatal
amplio	cordial	fauna
ángel	coro	favor
ansia	crear	deliz
astro	crimen	feroz
atrio	crisis	fertil
audaz	cristal	fervor
aula	cuestión	ficción
autor	culpa	fijo
azul	culto (aj.)	final
base	culto (n.)	fingir
bondad	curvo	fino
busto	dañar	firmar
canción	dato	fiscal
cañón	débil	flaco
caso	denso	flora
capaz	destruir	foco
casi	diablo	formal
caso	dictar	formar
causa	dieta	frágil
ceder	digno	frase
celda	distar	fronda
celo	dócil	fruta
centro	docto	fuga
cesar	doctor	fugaz
ciclo	dogma	fulgor
ciencia	dote	función
citar	drama	fundar
civil	dudar	fundir
clase	duelo	furia
claustro	eco	gemir
clave	ente	genio
cliente	era	gentil
clima	error	germen

gestión	metro	raro
gesto	milla	raza
girar	misión	real (aj.)
globo	mixto	real (n.)
gloria	modo	recto
glosar	monstruo	rector
gracia	moral	regio
grato	motor	región
gremio	móvil	regir
gusto	mundo	regla
hábil	mutuo	reinar
himno	nación	reino
horror	necio	rigor
hostil	noble	ritmo
humor	noción	rival
incluir	norma	rosa
india	normal	rubor
indio	nota	rudo
influir	notar	rumbo
joven	nuca	rumor
juicio	odio	rural
julio	oral	salto
junio	orbe	sección
lección	orden	sector
lector	pacto	sede
legal	papa	sensual
legión	parcial	serie
lema	pasión	serio
lente	patria	sesión
lento	patrón	sexo
león	pausa	sexto
lesión	pecar	sexual
leve	pensión	signo
librar	plantar	simple
libre	pleno	sitio
libro	porción	situar
ligar	precio	social
lindo	premio	solar
local	presión	suave
lujo	prever	suma
luto	previo	sumar
magia	pronto (aj.)	sumo
magno	pronto (av.)	suplir
mansión	propio	surgir
margen	prosa	templo
martir	pudor	tenaz
mención	pueril	terror
mental	quieto	terso
mente	quitar	tesis
merced	radio	texto
metal	rapaz	tipo

tomo	unir	vigor
tono	útil	virgen
total	vago	viril
tracción	vapor	virrey
tratar	variar	virtuo
tribu	vario	visión
triunfo	vasto	vital
trono	verbo	votar
tubo	versión	voto
tumba	verso	vulgar
turba	vibrar	vulgo
turbar	vicio	zona
unión		

(C) <u>Trisyllabics</u> 5

abismo	ámbito	atento
abstener	amplitud	atinar
abstracto	ángulo	atleta
absurdo	angustia	átomo
abundar	ánima	atraer
abuso	animal (aj.)	atribuir
acento	animal (n.)	audacia
aceptar	animar	audiencia
activo	ánimo	augusto
adaptar	ansiedad	aumento
adhesión	anular	aurora
admirar	anunciar	ausencia
admitir	apelar	ausente
adoptar	aplaudir	austero
adorar	aplauso	auxilio
adornar	aplicar	ávido
adquirir	apreciar	barbarie
adusto	árabe (aj.)	bárbaro
advertir	árabe (n.)	bendición
afectar	archivo	brevedad
afecto	área	cadáver
afeitar	árido	calcular
afición	aroma	cálculo
afirmar	arribar	calidad
agente	ascender	cándido
agitar	asiduo (aj.)	cantidad
agrario	asiduo (n.)	capital
agregar	asignar	capitán
águila	asistir	carácter
alterar	asomar	cardenal
alternar	aspecto	caridad
aludir	aspirar	castigar
alumno	asumir	cátedra
ambición	asunto	celebrar
ambiente	atención	célebre

108

celeste
célula
centuria
cerebro
cínico
circular
círculo
claridad
clásico
clérigo
coacción
código
colección
colega
colegio
cólera
colocar
columna
comedia
comentar
comercio
cómico
comisión
cómodo
comparar
compensar
complejo
completo
comprobar
conceder
concepción
concepto
concesión
conciencia
conclusión
concreto
concurrir
concurso
condenar
condición
conducir
conducta
conducto
conductor
confesar
confesión
confesor
confirmar
conflicto
conformar
conforme

confusión
congregar
congreso
conjunto
conmover
consciente
conservar
consignar
consistir
conspirar
constituir
consultar
consumir
contacto
contagio
contemplar
contento
contestar
contiguo
continuar
continuo
contraer
contrario
contrato
contribuir
convento
conversar
convertir
copioso
corporal
correcto
corregir
creación
creador (n.)
crédito
cristiano
criterio
crítico (aj.)
crítico (n.)
crónica
cualidad
cultivar
cúmulo
curioso
decidir
décimo
decisión
declarar
decorar
decoro
decreto

dedicar
deducir
defecto
defender
defensa
definir
deformar
deleitar
delicia
delirio
demonio
denunciar
depender
derivar
descender
describir
descripción
desierto
designar
destrucción
desviación
detención
detestar
devolver
dictamen
difícil
difundir
difunto
difusión
dignidad
dilatar
dimensión
dirección
directo
director
dirigir
discernir
discípulo
discreto
discurrir
discurso
discusión
discutir
disfrutar
disipar
disminuir
disolver
dispensar
disponer
disputar
distinción

109

distinguir
distinto
distraer
distrito
diverso
divertir
dividir
divino
divisar
división
divorcio
doctrina
dominar
domingo
dominio
edición
editor
educar
efecto
eficaz
ejemplar (aj.)
ejemplar (n.)
ejemplo
elección
elegir
elevar
elogio
emanar
emitir
engendrar
enigma
enorme
ensueño
envidia
escena
escritor
esencia
esencial
esfera
especial
especie
espectro
esquema
estación
estatua
estéril
estilo
estimar
estrato
estricto
estudio

eterno
ético
evitar
evocar
exacto
exaltar
examen
exceder
excepción
exceso
excitar
exclamar
excursión
exento
exhalar
exhibir
exigir
existir
éxito
expansión
explicar
explosión
exponer
expreso
exterior
externo
extinguir
extremo
fábrica
fabricar
fábula
facultad
familia
familiar (aj.)
familiar (n.)
famoso
fastuoso
fecundo
fermento
férreo
figura
figurar
filiación
finito
física
físico
formación
fórmula
fragmento
frecuencia
frecuentar

frecuente
frenesí
frondoso
fúnebre
futuro (aj.)
futuro (n.)
general
género
gestación
gigante
gitano
glándula
habitar
hábito
habitual
herencia
héroe
honesto
horrible
hospital
humano
húmedo
humildad
humilde
idioma
ídolo
ignorar
igualdad
ilusión
ilustrar
ilustre
imagen
imitar
impedir
imperar
imperio
ímpetu
implicar
imponer
importar
imprimir
impulso
incitar
inclinar
incurrir
indicar
índice
indicio
índole
industria

infancia
infantil
inferior
infernal
influjo
informar
infundir
ingenio
ingenuo
ingreso
inicial
iniciar
injuria
inmenso
inquieto
inquietud
insecto
insigne
insinuar
insistir
inspirar
instancia
instante
instinto
insultar
integral
íntegro
intención
intenso
intentar
intento
interior (aj.)
interior (n.)
interno
íntimo
intuición
invadir
invasión
invento
inventor
inverso
invertir
invitar
irritar
júbilo
judicial
justicia
juvenil
juventud
lamentar
latente

latitud
liberal
libertad
lícito
limitar
límite
línea
líquido
litoral
lógico
longitud
magistral
magnitud
majestad
malicia
mantener
máquina
martirio
material
materno
máxima
máximo
médico
medieval
mediocre
meditar
médula
memoria
mérito
milagro
milicia
militar
mínimo
ministro
minuto
miseria
misterio
moderno
modestia
modesto
módico
molestar
momento
monstruoso
mostrador
motivo
múltiple
multitud
munición
músculo
museo

músico
narración
nativo
natural
naufragio
náufrago
navío
negocio
nocturno
notable
notario
noticia
notorio
novedad
núcleo
número
obispo
objeción
objeto
obligar
observar
obsesión
obstinar
obtener
ocasión
ocaso
octavo
ocultar
oculto
ocupar
ocurrir
ofender
ofensa
oficial
oficio
opaco
operar
opinar
opinión
oponer
opresión
oración
orador
ordenar
órgano
oriental
oriente
origen
ostentar
paciencia
página

pálido
palpitar
pariente
párrafo
parroquia
paterno
peculiar
peligro
penetrar
penumbra
pérdida
perdurar
perenne
perfección
perfecto
perforar
perito
perjuicio
permitir
perpetuo
persistir
persona
personal
petición
piropo
plácido
planeta
plebeyo
poema
poeta
popular
porción
posesión
posible
posición
posterior (aj.)
posterior (n.)
potencia
potente
práctica
precaución
preceder
precisión
preciso
predicar
preferir
prejuicio
preparar
prescindir
presencia
presentar

presente
presentir
presidir
prestigio
presumir
pretender
pretensión
pretexto
prevenir
primario
primordial
princesa
principal
principio
problema
proceder
procesión
proceso
proclamar
procurar
producir
profesar
profesión
profesor
profeta
profundo
progreso
prohibir
prójimo
prolongar
pronunciar
propagar
propicio
propiedad
proponer
proporción
proseguir
prosperar
protección
proteger
protestar
proveer
provenir
provincia
provocar
próximo
proyección
proyectar
prudencia
prudente
publicar

público
pulular
quimera
química
radical
rápido
rebelde (aj.)
rebelde (n.)
rebelión
recepción
receta
reclamar
recrear
recurrir
recurso
redacción
redactar
redimir
reducir
referir
reflejo
reflexión
refugio
régimen
regreso
regular (aj.)
regular (n.)
relación
relatar
relato
religión
remedio
remitir
remoto
renovar
renunciar
reparar
repente
repetir
replicar
repugnar
requerir
reservar
residir
resignar
resistir
resolver
respecto
respeto
respirar
resplandor

restaurar
resultar
resumir
revelar
revisar
revisión
ribera
rígido
robusto
rótulo
rotundo
rústico
salvación
santidad
secreto
secular
seducir
selección
selecto
sensación
sensible
sentencia
separar
séptimo
sepulcro
servicio
servidor
severo
silencio
silvestre
símbolo
simular
sincero
singular
síntoma
sobriedad
sociedad
soledad
solemne
sólido
solución
sonido
soportar

suavidad
sublevar
sublime
subsistir
substancia
substituir
suceder
sucesión
suceso
sucesor
sucinto
sugerir
sugestión
sujetar
sujeto
sumergir
superar
superfluo
superior
suplicar
suplicio
suponer
supremo
suprimir
suscitar
suspender
sustentar
taberna
talento
teatral
teatro
técnica
técnico
terminar
término
terrestre
terrible
tímido
tirano
título
tolerar
tormento
torrente

tradición
traducción
traducir
traductor
tragedia
tranquilo
transcender
transcurrir
transformar
transición
tránsito
transmitir
tremendo
triangular
tribuna
tribunal
tributo
vacilar
vanidad
ulterior
última
último
único
unidad
variación
variedad
vértigo
vibración
víctima
victoria
vigente
vigilar
violencia
violento
virtuoso
visible
visitar
vivienda
vocablo
vocación
volumen
voluntad

(D) Quadrisyllabics

abnegación
absoluto
abundancia
académico (aj.)[6]
académico (n.)[6]

accidente
acumular
acusación
administrar
admiración

adquisición
aéreo
afinidad
afirmación
agrícola

alimento
almirante
alteración
amazona
análogo
animación
animoso
antigüedad
aparato
aparente
apariencia
apertura
apetito
aportación
arbitrario
argumento
arquetipo
arquitecto
artículo
artífice
artificial
asociación
aspiración
ateneo
atributo
autoridad
aventura
averiguar
beneficio
biblioteca
calendario
calificar
capacidad
capítulo
catálogo
católico (aj.)
católico (n.)
celebración
cementerio
centenario
científico
circunstancia
coincidir
colectivo
combustible
comentario
comisario
comparable
comparación
composición

compromiso
comunicar
comunidad
conferencia
conformidad
congregación
consecuencia
conservación
conservador (n.)
considerar
constitución
contestación
continuación
continuidad
contradecir
contradicción
contradictor
contrariedad
contribución
conversación
corroborar
cotidiano
crepúsculo
cristalino
curiosidad
curioso
debilidad
declaración
deficiencia
definición
delegación
delicado
democracia
demostración
denominar
derivación
determinar
diálogo
diferencia
dificultad
diligencia
diputación
disciplina
discípulo
disertación
disimular
disminución
disolución
disposición
distribución

diversidad
documento
doméstico
dominación
edificar
edificio
educación
efectivo
eficacia
ejecución
ejecutar
ejercicio
ejército
elaborar
elegancia
elegante
elemento
elevación
eliminar
elocuencia
elocuente
eminente
emperador
emperatriz
encomendar
energía
enfermedad
epidermis
ermitaño
erudición
erudito
escándalo
escrúpulo
escultura
espectador
espíritu
espléndido
estímulo
estómago
estremecer
estructura
estupendo
estúpido (aj.)
estúpido (n.)
etcétera
eternidad
evangelio
evidencia
evidente
evocación

114

exagerar
exaltación
examinar
excelencia
excelente
exclusivo
exhibición
exigencia
existencia
expedición
experiencia
explicación
exposición
exquisito
facilidad
facilitar
fatalidad
favorable
felicidad
felicitar
femenino
fenómeno
fertilidad
filósofo
finalidad
formidable
fraternidad
frenético
galería
generación
generoso
gobernación
gobernador
habilidad
habitación
horizonte
hostilidad
humanidad
idéntico
identidad
ignorancia
iluminar
ilustración
imaginar
imitación
implacable
inaugurar

inclinación
incorporar
indicación
indignación
indudable
inédito
inefable
infinidad
información
ingenuidad
iniciación
injusticia
inmediato
innovación
inocencia
inocente
inspiración
instituto
instrumento
integridad
intelectual
interpretar
interrogar
interrumpir
intervención
intervenir
introducir
invencible
invitación
ironía
jerarquía
jurídico
justificar
laborioso
legítimo
limitación
literario
localidad
luminoso
magnífico
manifiesto (aj.)
manifiesto (n.)
manuscrito
maravilla
marítimo
matrimonio

medicina
meditación
meridional
ministerio
miserable
modificar
monumento
moralidad
mortalidad
multiplicar
municipio
navegación
necesario
necesidad
negativo
numeroso
obedecer
objetivo (aj.)
objetivo (n.)
obligación
obscuridad
observación
obstáculo
occidental
occidente
ocupación
oficina
operación
oportuno
oposición
ordinario
original
oscuridad
pacífico
paraíso
paralelo
participar
particular
patrimonio
patronato
península
perdurable
peregrino
permanente
perplejidad
perspectiva

perturbador
petróleo
platónico
poesía
poético
policía
política
político
positivo
precipitar
predilección
preocupar
preparación
presentación
prevalecer
primitivo
privilegio
procedencia
prodigioso
profundidad
propaganda
proposición
prosperidad
providencia
proximidad
realidad
recóndito
rectificar
relativo
religioso
renovador
reparación
repercusión
repertorio

representar
república
reputación
residencia
resistencia
resolución
resuscitar
resurrección
retroceder
revolución
ridículo
sacerdote
sacrificar
sacrificio
satelite
satisfacción
satisfacer
secretario
secundario
seguridad
separación
septentrional
sepultura
serenidad
significar
simplicidad
sinceridad
solemnidad
solicitar
solitario
sublevación
suficiente
superficial

superficie
superstición
suposición
temporada
tenacidad
tenebroso
terminación
territorio
testamento
testimonio
tolerancia
tranquilidad
transeunte
transformación
transparente
unánime
uniforme
universal
universo
utilidad
vagabundo
vegetación
vehemente
vehículo
velocidad
venerable
verificar
vestíbulo
viceversa
vicisitud
vigilancia
violente
virginidad

(D) Pentasyllabics

académico (aj.)
académico (n.)
administracion
administrador
adolescencia
aglomeración
agricultura
anatomía
arquitectura
categórico
coetáneo
comunicación
confederación
consideración

contraposición
denominación
determinación
economía
elaboración
enumeración
especialidad
espectáculo
especulación
espontáneo
establilidad
esterilidad
exageración
extravagante

generalidad
generosidad
imaginación
imaginario
impenetrable
inexorable
inteligencia
inteligente
interminable
interpretación
investigación
irresistible
itinerario
literatura

manifestación   peregrinación   significación
matemática   popularidad   subterráneo
matemático   posibilidad   temperamento
melancolía   probalilidad   temperatura
modificación   representación   universidad
participación   sensibilidad

2.2 Romance Languages

2.21 French

(A) Monosyllabics

plan   sur   tren
sien

(B) Bisyllabics

avión   flecha   moda
banda   flota   montar
baúl   flotar   nivel
blasón   forjar   norte
bloque   fusil   país
borde   gala   perfil
bordo   galan   placa
botón   granja   pleito
camión   guapo   rango
carmín   hotel   renta
cuartel   jardín   ruta
chocar   jaula   surtir
dama   jefe   talle
duque   joya   taller
este   marchar   timbre
farsa   millón   tropa
fila

(C) Trisyllabics

anverso   cobarde   explotar
aportar   coraje   galante
arrancar   derrota   gallardo
avisar   desfilar   instalar
bahía   destacar   levita
bachiller   detalle   ligero
banquete   dibujar   musulmán
barroco   emoción   paisaje
billete   emplear   pantalón
botella   enfadar   pasaje
céntimo   etapa   porvenir

rechazar	silueta	turquesa
regalar	similar	ventaja
reproche	sorprender	violeta
resorte	tarjeta	vitrina
restaurant	tranvía	víveres
sargento	trinchera	

(D) Quadrisyllabics

abandonar	entusiasta	garantía
analizar	evolución	garantizar
asamblea	extranjero (aj.)	gigantesco
barricada	extranjero (n.)	paralizar
chimenea	favorito	parlamento
decadencia	fotógrafo	realizar
egoísmo	funcionario	romántico
egoísta	gabinete	trayectoria
entrevista		

(E) Pentasyllabics

artillería	departamento	fotografía

(F) Hexasyllabics

revolucionario

2.22 Italian

(B) Bisyllabics

balcón	café (casa)	guardia
brillar	charlar	lápiz
bronce	fanal	marcar
café	grupo	

(C) Trisyllabics

actitud	colina	fracasar
aguantar	concierto	manejar
apoyar	contorno	medalla
asalto	corbata	modelo
atacar	coronel	muralla
batallón	cúpula	novela
boceto	esbelto	piloto
campeón	fachada	recinto
capricho	fascismo	relieve
caricia	folleto	retrato
casino		

(D) Quadrisyllabics

equilibrio   ingeniero   pintoresco
escopeta

2.23 Catalán

(A) Monosyllabics

sor

(B) Bisyllabics

bala	farol	presa
bosque	guante	reloj
buque	papel	roca
caja	plantel	trozo
clavel	prensa	viaje
falda		

(C) Trisyllabics

avanzar	linaje	retablo
barraca	mercader	salvaje
correo	orgullo	semblante
faena	pantalla	vanguardia
festejar	polvora	zozobra
imprenta		

(D) Quadrisyllabics

forastero

2.24 Provençal

(A) Monosyllabics

fray   gris

(B) Bisyllabics

bailar	fraile	marqués
bello	jamás	patio
bola	laurel	sostén

(C) Trisyllabics

desastre	estuche	marquesa
despachar	jornada	mensaje

(D) Quadrisyllabics

embajada   homenaje

2.25 Portuguese

(B) Bisyllabics

traje   vera

2.3 Greek

(B) Bisyllabics

broma   fase   polo
calma   giro   tema
cara   mito

(C) Trisyllabics

arcaico   heroico   patriota
cráneo   idea   pétalo
crítica   lírico   programa
década   mágico   prólogo
epílogo   manía   síntesis
época   método   sistema
esclavo   místico   tópico
fantasma   monarca   trágico
farmacia   música

(D) Quadrisyllabics

análisis   dramático   microscopio
anecdota   eléctrico   monarquía
anónimo   episodio   monasterio
armonía   epopeya   panorama
armónico   esqueleto   paradoja
asiático   estético   patético
atmósfera   exótico   período
autónomo   fantástico   retórica
catástrofe   hipótesis   simpatía
compatriote   histórico   teléfono
diáfano   mecánico   telegrama
dinámico   metrópoli   teoría
dinamismo

120

(E) Pentasyllabics

analogía	económico	geografía
antipatía	enciclopedia	geometría
aristocracia	escolástico	hegemonía
astronomía	esporádico	protagonista
categoría	farmacéutico	psicología
democrático	filosofía	psicólogo

(F) Hexasyllabics

aristocrático eclesiástico

2.4 Arabic

(B) Bisyllabics

arroz	gaban	ola
auge	garra	rincón
azar	hasta	ronda
barrio	limón	taza
cifra	marfil	

(C) Trisyllabics

aceite	aldea	arrabal
achacar	alfiler	azúcar
alcalde	alforja	guitarra
alcázar	almacén	hazaña
alcoba	alquiler	jinete
alcohol	andaluz	tarea

(D) Quadrisyllabics

almanaque	azotea	azulejo
asesino		

2.5 Other Languages

2.51 American Indian

(B) Bisyllabics

maíz

(C) Trisyllabics

butaca   patata   tabaco

(D) Quadrisyllabics

chocolate

2.52 Chinese

(A) Monosyllabics

té

2.53 English

(A) Monosyllabics

club   lord

(B) Bisyllabics

cheque   racial

(C) Trisyllabics

comité   suicidio   turista
interviú

(D) Quadrisyllabics

organismo

2.54 German

(C) Trisyllabics

cultural   pistola

(D) Quadrisyllabics

regimiento

(C) Trisyllabics
bigote

2.55 Germanic

2.56 Hebrew

(B) Bisyllabics
amén

2.57 Dutch

(B) Bisyllabics
dique

(E) Pentasyllabics
escaparate

2.58 Magyar

(B) Bisyllabics
coche

2.59 Swedish

(B) Bisyllabics
ruso

2.6 Unknown, Uncertain

(B) Bisyllabics
burla   perro   susto
naipe

(C) Trisyllabics
ademán   garbanzo   zapato
estribo   rebaño

3.0 CREATED WORDS

3.1 Composition

(B) Bisyllabics

aunque	demás (pn.)	también
cualquier	porque (c.)	usted
demás (aj.)	por qué (av.)	

(C) Trisyllabics

bienestar	maniobra	siquiera (av.)
cualquiera	nordeste	siquiera (c.)
entrambas	pormenor	tampoco
malograr	postrero	

(D) Quadrisyllabics

aguardiente	ferrocarril	sinnúmero
asimismo	kilómetro	sobrenombre
desparramar	mediodía	sobresalir
entretanto		

(E) Pentasyllabics

aeroplano   escalofrío

(G) Heptasyllabics

norteamericano

(H) Octosyllabics

hispanoamericano

3.2 Agglutination

(B) Bisyllabics

ahí	desde	dónde
atrás	después	hacia
ayer	detrás	quizá

124

(C) Trisyllabics

abajo	afuera	debajo
acaso	ahora	delante
acerca	alarma	despacio
además	anoche	encima
adentro	aparte	enfrente
adiós	apenas	entrambas
adonde	arriba	hidalgo

(D) Quadrisyllabics

adelante	enseguida	todavía
alrededor	no obstante	

3.3 Derivation

3.31 Prefixation

(B) Bisyllabics

confiar   infiel

(C) Trisyllabics

abatir	despreciar	percatar
acercar	desprender	reacción
acoger	disculpa	rebuscar
aguardar	emprender	recelar
avenir	encantar	recoger
comarca	encargar	reconstruir
combatir	encerrar	recorrer
compartir	encubrir	recortar
componer	escoger	rehacer
conjurar	estirar	remontar
convivir	impuro	renegar
debatir	incapaz	repartir
derribar	incierto	repasar
desatar	inculto	reponer
descansar	indigno	reposar
desconfiar	infeliz	resaltar
descubrir	infiltrar	retirar
descuidar	injusto	retornar
deshacer	inmortal	reunir
desigual	inmóvil	revivir
deslizar	inútil	traspasar
desplegar		

(D) Quadrisyllabics [8]

acomodar	desentender	indeciso
acompañar	desesperar	indefenso
aparecer	desigualdad	indirecto
arremeter	desinterés	indiscreto
asemejar	desproporción	infinito
automóvil	entretener	innegable
aventura	equivaler	insólito
colaborar	impaciencia	invisible
comprometer	impaciente	predominio
corresponder	imposible	reanudar
desarrollar	impotencia	recomendar
desayuno	impureza	reconocer
descomponer	incesante	reconstrucción
desconcertar	incompleto	reproducir
desconocer	inconsciente	triángulo
desempeñar	increíble	

(E) Pentasyllabics

desaparecer[9]	independiente	inofensivo
desparecer	indiferencia	insoportable
inagotable	indiferente	insospechado
incomparable	indiscutible	internacional
inconfundible	indispensable	inverosímil
inconveniente	ineludible	irresponsable
indefinible	inesperado	renacimiento
independencia	inevitable	

(F) Hexasyllabics

insignificante

3.32 Suffixation

(B) Bisyllabics

ansiar	casar	gozar
basar	causar	helar
borrar	central	inglés
brindar	copiar	juntar
brioso	cortés	limpiar
brotar	diario	llenar
burgués	faltar	mantón
burlar	fijar	mediar
cabal	forzar	millar
cajón	frialdad	montón
calmar	fugar	mundial
cañón	genial	niñez

odiar
ojal
pasar
pinar
portal
renglón

riguroso
salón
sillón
soltar
sonar
tocar

trepar
usar
vejez
viajar
votar

(C) Trisyllabics

abusar
acentuar
aclaración
actuación
alegrar
alianza
alteza
altura
apartar
aptitud
artista
asaltar
atracción
aumentar
bandera
barrera
belleza
bíblico
blancura
bolsillo
bonito
borroso
bravura
cacharro
caminar
campear
cansancio
carlista
cartera
caserón
casona
castizo
catedral
centenar
cercano
cerebral
certeza
clientela
cochero
colonia
colonial

10

colosal
comedor
comercial
completar
comprensión
concretar
confianza
constructor
contentar
cordura
corredor
cósmico
creencia
criatura
cronista
cuantía
cuartilla
cuartito
cultura
chiquillo
desear
despertar
dichoso
distancia
distante
docena
dudoso
dulzura
duración
dureza
efectuar
embriaguez
empezar
encontrar
ensayar
enterar
entrada
escasez
esquivar
estallar
estancia

estatal
estudiar
expresar
expulsar
extrañar
extremar
flaqueza
formular
forzoso
frontera
funcionar
fusilar
golpear
gracioso
grandeza
grosero
guarnición
guerrero
gustoso
hallazgo
holandés
idear
industrial
influencia
ingresar
integrar
internar
inventar
jesuita
jugador
juicioso
labrador
labriego
ladera
lealtad
lechuza
lejano
lenguaje
letrero
librito
llanura

locura
lumbrera
madurez
mandato
mediano
mejorar
mencionar
mentira
meseta
minero
mocedad
morador
morisco (aj.)
morisco (n.)
motivar
muchacha
muchacho
nacional
neblina
negrura
nervioso
nobleza
noveno
ocioso
orientar
pañuelo
pareja
pasear
pasillo
patrono
pelear
penoso

pensador
pequeño
peseta
piadoso
plantear
pobreza
popularidad [11]
poquito
portada
practicar
pradera
precioso
precisar
presenciar
préstamo
principiar
pureza
rapidez
razonar
reflejar
refugiar
registrar
regresar
remediar
respetar
reunión
riqueza
risueño
rodear
rodilla
rosario

sabroso
sangriento
señalar
sencillez
señora
serenar
serrano
sindical
situación
solidez
sombrero
sombrío
tardío
techumbre
tejado
tendencia
ternura
terraza
timidez
típico
titular
torpeza
trasladar
tristeza
urbano
urgencia
venganza
ventana
verdura
viajero
violentar

(D) Quadrisyllabics

abertura
abrumador
acrecentar
actualmente
adelantar
adivinar
admirador
afanoso
agradable
agudeza
agujero
alameda
alegría
alimentar
almohadón

altísimo
amargura
amenazar
amoroso
angustioso
apacible
apetencia
apreciable
apreciación
ardoroso
argentino
artístico
ascendencia
asesinar
asombroso

atractivo
autorizar
aventajar
aventurar
azaroso
balancear
beneficiar
biológico
bondadoso
bruscamente
burguesía
callejero
callejuela
camarada
campesino

caprichoso
cariñoso
carretera
casamiento
caserío
castellano (aj.)
castellano (n.)
casualidad
celebración
cercanía
ciertamente
cuidadano
claramente
cobardía
combinación
comodidad
compañera
compañero
compañía
comparación
competencia
complementar
comunista
conmovedor
conquistador
consejero
considerable
consolador
conveniencia
cordialidad
cordillera
cortesía
crecimiento
cultivador
cumplimiento
decisivo
decoración
delicioso
demasiado
dependencia
derrotero
deseoso
despacito
diccionario
dictadura
diferenciar
dolorido
doloroso
dominante
elemental

embajador
empresario
encantador
enseñanza
entusiasmar
equivocar
escenario
esclavitud
escondite
escritura
espantoso
esperanza
establecer
evocación
exactitud
excepcional
excesivo
explotación
expresivo
extrañeza
fabuloso
facilitar
fácilmente
fatalmente
favorecer
fervoroso
finalizar
finalmente
fortaleza
francamente
frivolidad
fundamental
fundamento
golondrina
hermosura
heroísmo
herramienta
hidalguía
historiador
hundimiento
igualmente
importación
importancia
impresionar
individual
ingenioso
instalación
instintivo
integración
intensidad

interesar
intimidad
irónico
juntamente
juramento
justamente
lejanía
lentamente
libremente
librería
ligereza
llamamiento
madrileño
mañanero
manifestar
matricular
mayoría
mecanismo
medicinal
mejicano
mentalmente
metálico
metódico
miliciano
ministerial
minucioso
misterioso
misticismo
monárquico
movimiento
muchísimo
nacimiento
necesitar
nombramiento
normalidad
novelesco
novelista
nuevamente
nutritivo
ocurrencia
optimismo
optimista
orgánico
organizar
orgulloso
orientación
originar
papeleta
participar
partidario

pasajero
patriótico
patriotismo
peligroso
peninsular
pensamiento
perezoso
perfeccionar
periódico
periodista
personaje
pesadilla
pesadumbre
pesimismo
plenamente
poderoso
portentoso
portería
preferencia
presidencia
presuntuoso
primaveral
prisionero
profesional
progresivo
prolongación
propiamente
propietario
proporcionar
provechoso
provinciano

provisional
publicidad
pueblecito
puramente
razonable
realismo
realmente
rebeldía
receloso
rectangular
rectificar
referencia
reflexionar
relacionar
religioso
rendimiento
reproducción
respectivo
respetable
responsable
revoltoso
saludable
santísimo
semejante
semejanza
señorita
señorito
sentimental
sentimiento
seriamente
sevillano

sexualidad
silencioso
simbólico
simpático
simplemente
sinceridad
sindicato
socialismo
socialista
solamente
solariego
sospechoso
soviético
sufrimiento
sumamente
tembloroso
tontería
totalidad
totalmente
trabajador
tradicional
tranquilidad
tranquilizar
transparencia
travesía
tripulación
utilizar
vagamente
verdadero
viejecita
voluntario

(E) Pentasyllabics

alegremente
alojamiento
amarillento
americano
anteriormente
antigüedad
antipático
artificioso
asesinato
autoritario
averiguación
caballería
calificación
caracterizar
catedrático
catolicismo

civilización
coincidencia
colaboración
colaborador
completamente
concretamente
conocimiento
constantemente
constitucional
constitutivo
continuamente
contradictorio
convencimiento
cooperación
correspondencia
decorativo

definitivo
delicadeza
desagradable
desaparición
descubrimiento
difícilmente
diplomático (aj.)
diplomático (n.)
directamente
electricidad
entendimiento
enteramente
esencialmente
especialista
especialmente
estadística

eternamente	medianamente	ramificación
exactamente	melancólico	rápidamente
experimentar	modernamente	razonamiento
familiarizar	naturaleza	realización
filosófico	naturalmente	recientemente
fisiológico	obligatorio	recriminación
fisionomía	organización	remotísimo
frecuentemente	parlamentario	republicano
funcionamiento	pedagógico	reputación
generalmente	perfectamente	revolucionar
geográfico	periodístico	romanticismo
humorístico	personalidad	sabiduría
iniciativa	personalmente	satisfactorio
innumerable	precisamente	seguramente
interesante	preocupación	sencillamente
inútilmente	primeramente	singularmente
investigador	principalmente	solidaridad
laboratorio	probablemente	superioridad
liberalismo	procedimiento	tranquilamente
ligeramente	profundamente	últimamente
luminosidad	psicológico	únicamente
	radicalmente	violentamente

(F) Hexasyllabics

absolutamente	efectivamente	particularmente
acontecimiento	establecimiento	poderosamente
administrativo	evidentemente	reconocimiento
admirablemente	excelentísimo	representativo
agradecimiento	exclusivamente	respectivamente
aparentemente	imposibilidad	responsabilidad
arbitrariamente	individualismo	significativo
arqueológico	indudablemente	sucesivamente
característico	inmediatamente	suficientemente
cuidadosamente	intelectualismo	universitario
desgraciadamente	originalidad	verdaderamente

(G) Heptasyllabics

afortunadamente	aproximadamente	definitivamente
apasionadamente	considerablemente	

(H) Octosyllabics

extraordinariamente

3.33 Prefixation-Suffixation

(C) Trisyllabics

abordar	alcanzar	concentrar
abrazar	alejar	embarcar
acabar	alumbrar	empeñar
acertar	allanar	encargo
aclarar	antojar	enlazar
acostar	apanar	entablar
agarrar	apuntar	enterrar
agradar	apurar	entonar
agrandar	arrastrar	esforzar
ahorrar	arreglar	reforzar
ajustar	asombrar	retrasar
alargar	asustar	subrayar

(D) Quadrisyllabics

aconsejar	apresurar	desayunar
acostumbrar	aprovechar	desembarcar
acreditar	aproximar	enamorar
agradecer	arrebatar	engrandecer
ahuyentar	arrollador	ensombrecer
apasionar	asegurar	invencible
apoderar	avergonzar	reaccionar

(E) Pentasyllabics

ayuntamiento	inacabable	irreprochable
desesperación		

(F) Hexasyllabics

desenvolvimiento

3.4 Back Formations

(B) Bisyllabics

afán	compás	duda
baile	compra	finca
basta	cruzar	firma
busca	cuenta	gasto
cambio	charla	goce
carga	chiste	grito
cargo	danza	guía
caza	desdén	honra
cita	desván	huella
cobrar	disfraz	lucha

mando	pliego	ruego
marcha	pliegue	soplo
matiz	porte	tiro
mezcla	postre	toque
muestra	prueba	trance
pago	pugna	trato
perdón	rasgo	traza
pesca	resto	trazo
piso	riego	vuelo
planta	robo	

(C) <u>Trisyllabics</u>

abono	deporte	informe
abrazo	descanso	interés
abrigo	descuido	lástima
acierto	desgracia	manejo
acordar	despacho	olvido
acuerdo	desprecio	paseo
adorno	destierro	perfume
alcance	destino	pregunta
aliento	dibujo	protesta
alivio	disgusto	proyecto
amparo	disputa	recelo
anhelo	embargo	reclamo
antojo	empeño	recuerdo
anuncio	empleo	reforma
apoyo	encanto	regalo
arreglo	encargo	replica
asiento	encuentro	reposo
asombro	engaño	reserva
ataque	engendro	resumen
ayuda	enlace	retiro
cariño	enmienda	retraso
castigo	enojo	revista
combate	enredo	saludo
comienzo	entierro	socorro
consigna	envío	sonrisa
consuelo	escape	sosiego
consulta	esfuerzo	sospecha
consumo	espanto	tertulia
contraste	estampa	testigo
cortejo	fatiga	trabajo
deleite	fracaso	transporte
demanda	gobierno	visita

(D) <u>Quadrisyllabics</u>

abandono	depósito	desengaño
apellido	desafío	desenlace
aposento	desarrollo	recompensa

(E) Pentasyllabics

aristocrata

3.5 Change of Suffix

(B) Bisyllabics

alguién	curva	huerta
amo	choza	loma
barco		

(C) Trisyllabics

cigarro	derecha	única
clínica	maestra	portugués

(D) Quadrisyllabics

mecánica

3.6 Expressive Formations

(A) Monosyllabics

ah	bah	oh
ay		

(B) Bisyllabics

ajá	picar	tonto
hola		

(C) Trisyllabics

garganta   portugués

(D) Quadrisyllabics

carcajada

3.7 Abbreviation

(B) Bisyllabics

auto	media	sino
cine	piano	

(C) Trisyllabics

teniente

3.8 Change of Function

(A) Monosyllabics

bien (n.)	mal (n.)	tal (av.)
gris	ser	tal (pn.)

(B) Bisyllabics

alto	hueco	preso (aj.)
ambos	indio	preso (n.)
azul	inglés	puesto (aj.)
blanco	joven	puesto (n.)
bueno (av.)	junta	puñal
bueno (n.)	junto	rojo
caudal	largo	roto
chino (aj.)[12]	local	saber
chino (n.)	loco	sabio
claro	llano	salvo
criada	malo	santa
criado	mayor	santo
cuanto (pn.)	mejor	sentir
cuarto	menor	serio
dado	menos (aj.)	solo
deber	menos (n.)	suelto
diario	misma	tanto
dicho (aj.)	moral	tarde
dicho (n.)	mucho (pn.)	todo
donde (c.)	muerto	vano
duro	nada	verde
fecha	noble	vieja
final	nuevo	viejo
fresco	peor	vista
grande	placer	visto
grasa	plano	vuelta
guiado	poco	vuelto
hecho		

(C) Trisyllabics

abierto	armado	brillante
absurdo	bañado	caído
aislado	barato	callado
amado	bárbaro	cansado
amante	basado	capital
andaluz	bastante (aj.)	cargado
anterior	bastante (av.)	casado
ardiente	bendito	ceñido

cercado
cerrado
citado
clásico
dolgado
cómico
completo
compuesto
confiado
confuso
constante
construido
contado
contrario
corrida
corriente (aj.)
corriente (n.)
cortado
cosecha
creado
creador (aj.)
crecido
creciente
cristiano
cruzado
cuadrado
cubierta
cubierto
cuidado
cultivo
cumplido
curado
debido
derecho
desierto
destruido
dictado
difuso
dispuesto
dorado
dormido
dotado
durante
empresa
enfermo
entrado
envuelto
errante
escrito (aj.)
escrito (n.)
estado (pol.)

estado (condición)
expuesto
extenso
exterior
extremo
fingido
firmado
florido
formado
forzado
fundado
ganado
general
herida
herido (aj.)
herido (n.)
honrado
humano
hundido
ideal
impuesto (aj.)
impuesto (n.)
incluso
infeliz
instruido
izquierda
jurado
lanzado
leído
ligado
logrado
llamada
llegada
llegado
llevado
maestro
maldito
mañana (av.)
manantial
marcado
marina
marino
material
mediado
mediante
médico
medida
medico
menguado
menudo
metido

mezclado
militar
mínimo
mirada
montado
morada
movido
musulmán
nacido
natural
ninguna
ninguno
nublado
nutrido
obrero
oficial
oído
opuesto
parecer
partida
partido
pasado (aj.)
pasado (n.)
pecado
pegado
pendiente (aj.)
pendiente (n.)
pensado
pequeño
perdido
permiso
personal
pesado
pescado
pesquisa
pintado
portugués
posada
práctico
presente
presidido
prestado
primero
principal
privado
producto
promesa
propuesto
provisto
público
querido

químico	seguro	torcido
radiante	sentado	traído
refinado	sentido	tratado
reinado	sereno	trazado
reinante	siguiente (aj.)	triunfante
rendido	siguiente (n.)	último
respuesta	situado	único
restante	soldado	unido
resuelto	sonriente	urgente
revuelto	sorpresa	usado
sabido	sujeto	valiente
sacado	supuesto	variado
salida	tejido	vencido
saliente	temido	venido
salvaje	temporal	vestido (aj.)
secreto	tendido	vestido (n.)
seguida	tercero	vibrante
seguido	tocante	vivido
segundo	tomado	viviente

(D) Quadrisyllabics

abatido	asistente	consiguiente (n.)
abrumado	asustado	constituido
abultado	atraído	contemplado
abundante	atrayente	contenido
aburrido	atrevido	continente
acabado	avanzado	convencido
aceptado	ayudado	conveniente
acertado	cabalmente	convertido
adecuado	campesino	decadente
adherido	celebrado	decidio
admirado	cuidadano	decorado
adquirido	cohibido	dedicado
afectado	colocado	definido
agitado	combatiente	delegado
alarmado	comerciante	demasiado
alejado	cometido	dependiente
alrededor	comparado	descendiente
aludido	complicado	descubierto
amarillo	componente	deseado
ambulante	comprendido	desgraciado
animado	conservador	designado
anunciado	comunista	despedida
apartado	condenado	desprovisto
aplicado	confundido	destacado
apoyado	conmovido	destinado
apretado (aj.)	conocido	detallado
apretado (n.)	consagrado	detenido
arruinado	consignado	diferente
ascendente	consiguiente (aj.)	dilatado

diputado	infinito	presupuesto
dirigente	iniciado	pretendiente
dirigido	inspirado	procedente
disfrazado	instalado	proclamado
distanciado	intelectual	producido
distinguido	invadido	profesional
distraído	invitado	prolongado
distribuido	lamentable	pronunciado
divertido	levantado	publicado
dividido	licenciado	quebrantado
doctorado	limitado	recibido
dominado	literato	recogido
elegido	madrileño	reducido
elevado	madrugada	referente
empleado (aj.)	manifiesto	referido
empleado (n.)	mencionado	regalado
encantado	merecido	registrado
encargado	miserable	repartido
encarnado	municipal	repetido
encendido	negativa	repugnante
encerrado	obligado	reservado
encontrado	observado	resultado
encumbrado	ocurrido (aj.)	retirado
enemigo	ocurrido (n.)	reunido
entendido	ofrecido	ridículo
entregado	olvidado	rodeado
erudito	ordenado	romántico
escondido	orientado	satisfecho
estudiado	original	señalado
estudiante	palpitante	separado
exaltado	parecido	sevillano
existente	particular	socialista
explicado	pasajero	sometido
extendido	penetrante	sorprendente
fatigado	persistente	sorprendido
forastero	planteado	sostenido
fracasado	polémica	substituido
habitante	político (n.)	terminado
ignorado	precedente (aj.)	terminante
ignorante	precedente (n.)	titulado
ilustrado	precedido	trabajador
imponente	preferido	traducido
importante	preparado	transformado
incidente	presentado	visitante
individuo	presidente	

(E) Pentasyllabics

abandonado	contribuyente	inconveniente
acelerado	correspondiente	interesado
acompañado	desarrollado	interrumpido
acostumbrado	desconocido	justificado
aficionado	desesperado	necesitado
afortunado	desordeando	obsesionado
agradecido	determinado	organizado
amenazado	determinante	perteneciente
antecedente	disimulado	preocupado
aparecido	enamorado (aj.)	realizado
apasionado	enamorado (n.)	reconocido
aprovechado	encomendado	relacionado
aproximado	entrometido	representado
calificado	equivocado	representante
civilizado	esclarecido	republicano
clasificado	establecido	significado
coloreado	exagerado	utilizado
considerado	iluminado	

(F) Hexasyllabics

característica   desaparecido   revolucionario

(H) Octosyllabics

hispanoamericano

NOTES

Chapter IV

[1] *Latino* should be included under trisyllabic words inherited from Latin.

[2] See note 1.

[3] *Abogado* should also be included under quadrisyllabic words inherited from Latin.

[4] The adjective *chino* should also be included under bisyllabics borrowed from Latin.

[5] The verb *ejercer* and the adjectives *furioso* and *ideal* should also be included under trisyllabics borrowed from Latin.

[6] *Académico*, both the adjective and the noun, is included under pentasyllabics borrowed from Latin. It should not be listed here.

[7] *Curioso* should be included under trisyllabics borrowed from Latin.

[8] *Desparecer* should be included here.

[9] See note 8.

[10] *Aclaración* should be included under quadrisyllabics created by suffixation.

[11] *Popularidad* should be included under pentasyllabics created by suffixation.

[12] See note 4.

CHAPTER V

STATISTICAL SUB-CLASSES

1.0 INHERITED WORDS

(A) 1st Decile[1]

a	carta	detener
abrir	casa	día
acudir	cielo	diez
agua	ciento (nu.)	dinero
aire	cierto (aj.)	dios
algo (av.)	cinco	don
algo (pn.)	ciudad	doña
algún	claro	dos
alguno	color	echar
allá	comenzar	edad
allí	comer	el
alma	como	él
alto	cómo	ella
amigo	comprender	ello
amor	con	en
añadir	conocer	entender
andar	conseguir	entonces
año	contar	entrar
ante	contra	entre
antes	convenir	esa
antiguo (aj.)	corazón	escribir
aquel (aj.)	correr	escuela
aquí	cosa	ese
arte	costumbre	ése
así	creer	eso
aun	cual	español (aj.)
bajo (av.)	cuando (c.)	español (n.)
bastar	cuándo (av.)	esperar
bien	cuanto	esta
blanco	cuatro	estar
brazo	cuerpo	este
bueno	cumplir	éste
buscar	cuya	esto
caballero	cuyo	extraño (aj.)
cabeza	dar	falta
cada	de	fin
caer	deber	flor
calle	decir	fondo
cambiar	dejar	forma
camino	dentro	francés (aj.)
campo	deseo	frente

fuera
fuerza
ganar
gente
grande
guardar
guerra
gustar
haber
hablar (v.)
hacer
hallar
hecho
hermano
hermoso
hija
hijo
historia
hombre
hora
hoy
igual
ir
la
lado
largo
leer
lejos
levantar
ley
llamar
llegar
lleno
llevar
lo
lograr
luego
lugar
luz
llamar
llegar
lleno
madre
maestro
malo
mañana
manera
mano
mar
más (aj.)
más (av.)

mayor
medio (aj.)
medio (n.)
mejor (aj.)
menos (av.)
mes
mi
mientras (av.)
mil
mirar
mismo (aj.)
mismo (pn.)
morir
mostrar
mucho (aj.)
mucho (av.)
muerte
mujer
muy
nacer
nada (av.)
nada (pn.)
nadie
negro (aj.)
ni (av.)
ni (c.)
ninguno
niño
no
noche
nombre
nuestro(aj.)
nueve
nuevo
nunca
o
obra
ocho
ofrecer
oír
ojo
olvidar
oro
otra
otro (aj.)
otro (pn.)
padre
palabra
para
parecer
parte

paso
pedir
pensar
perder
pero
pesar (v.)
pie
piedra
pobre (aj.)
poco (aj.)
poco (av.)
poder (v.)
poner
por
poseer
preguntar
primer
pueblo
puerta
pues
punto
puro
que (c.)
que (pn.)
quedar
querer
quién (pn.)
quien
razón
recibir
recordar
rey
rico (aj.)
río
saber
sacar
salir
seguir
segun
segundo
seis
señor
sentar
sentir
ser
servir
si
sí
siempre
siete
siglo

142

sin	tierra	valle
sobre	todo (aj.)	valor
sol	tomar	veinte
soler	trabajar	venir
solo	traer	ver
su	treinta	verdad
suelo	tres	vez
sufrir	triste	vida
tal	tu	viejo
tan	tú	vivir
tanto (aj.)	un	volver
tanto (av.)	una	voz
tener	uno (aj.)	y
tercero	uno (pn.)	ya (av.)
tiempo	valer	yo

(B) 2nd Decile

academia	cortar	francés (n.)
alegre	corte	fuego
alemán (aj.)	corto	fuente
amar	costa	fuerte (aj.)
ambos	cuadro	golpe
amistad	cuarto (n.)	grado
ancho	cuento	grave
aprender	cuidado	hermana
aquél (pn.)	curso	hogar
árbol	demostrar	hoja
arma	doce	hondo
atrever	dolor	honor
ayudar	dormir	huir
bajar	dulce	iglesia
bajo (aj.)	duro	juego
boca	ensayo	jugar
breve	enseñar	junto
caballo	entero	justo
caber	entregar	juzgar
cabo	enviar	labio
callar	escapar	labor
cantar	escaso	lanzar
carne	escuchar	lengua
carrera	espacio	letra
cerca	espejo	llorar
cerrar	europe (aj.)	mal
comprar	extender	mandar
común	falso	marido
conde	fantasía	masa
consejo	fe	matar
contener	fiesta	materia
convencer	fortuna	mejor (av.)

143

menor	pesar (n.)	seguro
merecer	plata	semana
mesa	plaza	sencillo
meter	pluma	sombra
miedo	pobre (n.)	sonar
mitad	poder (n.)	sostener
mover	prestar	subir
muerto	príncipe	sueño
muro	probar	suerte
negar	puerto	tarde
niña	quince	terreno
obrero	raíz	través
ochenta	rato	tropezar
padecer	reciente	una (pn.)
pagar	reír	uso
palacio	responder	vender
parar	rojo	verano
partir	romper	villa
paz	salvar	vivo
pelo	sangre	vuestro
pena (n.)	seco	
pertenecer	según (av.)	

(C) 3rd Decile

abuelo	cuarenta	hierro
admirable	cuarto (aj.)	hueso
ajeno	cubrir	isla
ala	cuidar	juez
alzar	cura	leyenda
aquello	curar	limpio
arco	dedo	madera
atender	despedir	mas
atravesar	doble	miembro
barba	durar	montaña
batalla	encender	monte
beber	enemigo	moro
calor	engañar	mueble
cámara	espalda	nervio
cansar	esposa	nombrar
capa	estrecho	novio
cárcel	estrella	nube
carecer	fiel	once
cincuenta	firme	oscuro
coger	franco (aj.)	pan
comida	fresco	par (n.)
confundir	frío (aj.)	pared
conquista	fruto	pecho
costar	gritar	perdonar
crecer	hambre	permanecer

peso	sala	tío
piel	saltar	tirar
pieza	salud	torno
pintar	saludar	torre
pintor	sereno	tras
primavera	setenta	vecino (aj.)
primero	sierra	vecino (n.)
prisa	someter	veinticinco
prometer	suya	vencer
punta	suyo	verde
quemar	tabla	vestir
recién	tardar	vía
reina	temer	viento
romano (aj.)	temor	vino
rostro	tender	viuda
sabio	tesoro	volar
sal	tía	

(D) 4th Decile

abogado	deuda	loco
abril	diente	luchar
abuela	disparar	lucir
acordar	dueño	marco
acusar	eje	mayo
agosto	empujar	medir
agotar	enfermo	mentir
agudo	envolver	mercado
amanecer	esposo	mezclar
amiga	feria	misa
anciano	frío (n.)	moneda
apagar	gastar	muchedumbre
arrojar	gobernar	negro (n.)
banco	griego (aj.)	nieve
baño	griego (n.)	noventa
beso	guiar	nuestro (pn.)
boda	hombro	obrar
cama	hundir	octubre
canto	ibérico	olor
castillo	invierno	orilla
ciego	italiano (aj.)	otoño
cobre	italiano (n.)	pájaro
cocina	ladrón	pastor
cometer	lágrima	peor
complacer	latín (n)	percibir
corona	latino (aj.)	perseguir
cuello	lavar	pierna
daño	llave	pintura
desnudo	llover	pisar
desviar	lluvia	podar

polvo
por tanto
primo
puente
quejar
quinto
rayo
red
redondo

rendir
risa
rogar
ropa
ruido
ruina
sagrado
sano
seda

sobrar
sonreír
sospechar
temblar
tienda
toda
toro
veinticuatro
venta

(E) 5th Decile

alabar
amarillo
amenaza
aprobar
arder
armar
arroyo
ave
bando
batir
besar
cadena
caliente
campaña
cargar
caro
casita
catorce
cenar
cera
concebir
consagrar
consentir
cruel
cruz
cuchillo
cueva
cumbre
chica
chico
delgado
derecho

despierto
diecinueve
dieciocho
dieciséis
diecisiete
dueña
enero
entraña
escalera
espada
estorbar
gana
gato
grano
hacienda
harto
herir
humo
infierno
lago
leche
legua
luna
menester
menudo
mía
mientras (c.)
mío
molino
mozo
nada (n.)
nariz

nieto
novia
oler
pata
perla
piedad
placer
prender
provecho
ramo
reja
reñir
rezar
riesgo
rueda
sábado
sembrar
sesenta
silla
sutil
tez
tornar
trazar
trigo
vano
vecindad
veintiocho
veintiséis
veintiuno
vergüenza
verter
vientre

(F) 6th Decile [2]

abarcar
abeja
acero

acontecer
aguja
ahogar

alemán (n.)
almuerzo
altar

amargo	franco (n.)	prado
amparar	gordo (aj.)	puño
arena	gota	raya
áspero	grueso	recio
bravo	heredar	revés
cabello	hielo	rico (n.)
cabra	hilo	robar
campana	izquierdo	rodar
canal	jurar	sabor
capilla	lazo	sacudir
carbón	lecho	sed
carro	liso	sello
catalán (aj.)	lista	semilla
cauce	llano	señal
ciento	mancha	sendero
colgar	marzo	seno
condesa	mil	soberbio
contrastar	mina	sobrina
convidar	monja	techo
corral	moza	tinta
criar	mudar	tormenta
cuerda	navaja	trece
delito	navegar	tuya
desdeñar	nido	vacío (n.)
dicha	obscuro	varón
diciembre	onda	vasco (aj.)
doler	otorgar	vaso
doncella	pano	veintidós
escala	perecer	veintisiete
esconder	pez	vela
espeso	pico	velar
espuma	plato	vengar
esquina	plazo	yeso

(G) 7th Decile

acá	conquistar	florecer
alba	copa	fuerte (n.)
almorzar	coser	habla
antaño	cuenca	haz
brote	cuerno	honrar
calavera	cuesta	huerto
camisa	derramar	huevo
caña	desnudar	infante
cazar	escudo	jueves
ceniza	esparto	labrar
cierto	faz	lino
clavar	fiar	lunes
cola	fiebre	mamá
collar	fiel	martillo

147

miel	peña	suspiro
mosca	pino	tamaño
muelle	playa	temprano
nave	prenda	tierno
nuestra (pn.)	rencor	traba
oreja	retener	tronco
padrino	rozar	vacío (aj.)
palo	rubio	velo
par (aj.)	salvo	veneno
pardo	selva	ventura
pedazo	servidumbre	vidrio
pegar (unir)	suspirar	ya (c.)

(H) 8th Decile

alentar	judío (n.)	pollo
barón	latir	prima
blando	leal	prisión
bomba	llama	privar
bóveda	manga	rastro
cabalgar	manto	recobrar
casta	mármol	seña
caudillo	mejilla	sordo
cegar	mendigo	sueldo
cima	monje	surco
cinta	niebla	tapia
egipcio	noviembre	tejer
estrechar	olivo	torcer
extraño (n.)	palma	tosco
gallina	pasta	tragar
gótico	pegar	una
hembra	pereza	vagar
hierba	pescar	vecina
huésped	pila	veintitrés
infanta	pilar	vena
jabón	poblar	víspera
		yacer

(I) 9th Decile

alguna	cimiento	dragón
ama	cintura	ermita
angosto	clavo	espiga
antiguo (n.)	colmar	europeo (n.)
aragonés	compadecer	fallecer
bañar	conejo	francesa
barro	consolar	germánico
británico	corteza	hablar (n.)
calar	cuero	hispánico
cerco	cuna	holgar

ira	nadar	sazón
ladrar	nogal	sobrino
ladrillo	parir	sopa
lámpara	pozo	tallo
latino (n.)	pregonar	teja
llanto	rabia	tela
madrugar	rancio	tregua
marino	regar	turco
mudo	romance	valenciano
muñeca		

(J) 10th Decile

aborrecer	espía	mortal
afrontar	espina	mueca
asentar	gordo (n.)	paloma
atar	gozo	parejo
balanza	guarda	pavor
bordar	gusano	peinar
cantábrico (aj.)	hacha	pestaña
cantábrico (n.)	haya	pirenaico
caparazón	hebra	pregón
ceja	heredero	resbalar
cena	honda	romano (n.)
cordobés	horno	sábana
crudo	hosco	serpiente
cuajar	lienzo	vasco (n.)
desvanecer	lomo	vega
doblar	maturo	veintinueve
ensanchar	morder	viernes

2.0 BORROWED WORDS

2.1 Latin

(A) 1st Decile

acción	condición	elemento
actual	conservar	espíritu
advertir	considerar	estudio
asunto	continuar	etcétera
autor	crear	existir
carácter	cuestión	explicar
casi	décimo	extraordinario
caso	defender	familia
causa	difícil	figura
centro	distinto	formar
ciencia	doctor	frase
clase	efecto	general (aj.)
concepto	ejemplo	gracia

gusto	opinión	realidad
humano (aj.)	orden	referir
imagen	permitir	relación
lector	persona	repetir
libre	poeta	representar
libro	político (aj.)	república
línea	posible	resultar
médico (n.)	preciso	servicio
memoria	presentar	social
moderno	pretender	sociedad
modo	principal	suceder
momento	principio	suponer
motivo	problema	teatro
mundo	producir	terminar
natural	profundo	término
necesario	pronto (av.)	tipo
noticia	propio	tratar
número	proponer	último (aj.)
objeto	propósito	único (aj.)
observar	publicar	universidad
ocasión	público (aj.)	vario
ocupar	raro	zona
ocurrir	real (aj)	

(B) 2nd Decile

absoluto	citar	dificultad
aceptar	clásico (aj.)	digno
actividad	colocar	dirección
acto	completo	dirigir
adquirir	comunicar	discurso
afirmar	conciencia	discutir
ambiente	conducir	disponer
ánimo	confesar	disposición
amplio	consecuencia	diverso
aparato	consistir	dominar
artículo	constituir	dudar
asistir	construir	ejército
aspecto	contemplar	enfermedad
atención	contestar	enorme
autoridad	convento	error
base	conversación	escena
bondad	convertir	escritor
cantidad	creación	especial
capaz	curioso	especie
capitán	decidir	espectáculo
celebrar	declarar	espiritual
científico	dedicar	estación
círculo	diferencia	estilo

eterno	libertad	preferir
evitar	limitar	preparar (aj.)
exacto	literario	presencia
examinar	magnífico	presente (aj.)
exigir	manifestación	proceder
existencia	mantener	procurar
éxito	matrimonio	provincia
experiencia	medicina	próximo
exponer	mérito	quitar
expresión	militar	rápido
fácil	ministro	reducir
famoso	minuto	régimen
favor	misterio	región
feliz	moral (aj.)	religioso
figurar	nación	resistir
fino	necesidad	resolver
frecuencia	negocio	respecto
función	noble	respeto
género	nota	revolución
genio	notar	satisfacción
gloria	novedad	separar
habitación	numeroso	serie
héroe	obligar	serio
ignorar	observación	significar
ilusión	obtener	silencio
ilustre	octavo	simple
imaginar	oficio	sitio
impedir	origen	suceso
imponer	página	suma
importar	particular	superior
impresión	pasión	surgir
indicar	patria	título
inmenso	peligro	tono
instante	penetrar	tradición
inteligencia	perfecto	tranquilo
intentar	personal	unir
íntimo	pleno	verso
juicio	población	visión
justicia	política	visitar
juventud	popular	vital
lección	posición	voluntad

(C) 3rd Decile

actor	animal (n.)	capítulo
actuar	anunciar	ceder
admitir	apreciar	cesar
afirmación	asomar	circunstancia
análogo	aspirar	civil
ángel	azul	claridad
ángulo	biblioteca	colección

colegio
comedia
comentar
comercio
comparar
comprobar
conceder
concluir
conducta
confirmar
conforme
constar
construcción
contacto
continuación
contrario
contribuir
cristal
cristiano (aj.)
criterio
crítico (n.)
culpa
curiosidad
dato
declaración
defensa
definición
definir
delicado
describir
determinar
directo
discípulo
distinguir
dividir
divino
división
doctrina
domingo
edificio
educar
ejemplar (n.)
ejercer
elegante
elevar
energía
esencial
espléndido
estimar
estructura
excelente

explicación
exposición
extensión
fábrica
facultad
felicidad
fenómeno
fijo
filósofo
físico
fórmula
fundar
futuro (aj.)
gas
generación
gesto
gratitud
horizonte
hospital
humanidad
humilde
humor
ideal (aj.)
idioma
imaginación
imperio
impulso
industria
influir
ingenio
iniciar
inmediato
inquietud
insistir
instinto
instrumento
inteligente
intención
interior (aj.)
interpretación
joven (aj.)
junio
lectura
liberal
librar
límite
literatura
local (aj.)
investigación
lujo
luminoso

máquina
mente
miseria
misión
modesto
museo
obispo
ocultar
operación
oponer
original (aj.)
península
policía
posibilidad
preocupar
primitivo
proceso
producción
profesión
profesor
progreso
pronunciar
propiedad
proporción
raza
regla
religión
remedio
remoto
renunciar
representación
revelar
rosa
sacrificio
satisfacer
sección
seguridad
sensación
sincero
solitario
solución
suave
superar
talento
técnica
técnico
temperamento
terrible
territorio
texto
total

traducir
tragedia
tranquilidad
triunfo

unidad
universal
variedad
violento

virgen
virtud
volumen

(D) 4th Decile

admiración
admirar
adoptar
alumno
angustia
animar
ansia
apariencia
apetito
aplicación
aplicar
árabe (aj.)
arquitecto
ascender
asociación
atraer
atribuir
auténtico
averiguar
cadáver
cálculo
calidad
capacidad
cátedra
clima
coincidir
columna
comentario
comisión
cómodo
comparación
composición
comunicación
conclusión
concurrir
confusión
conjunto
consideración
constitución
contemporáneo
continuo
copia
cordial
crisis

cristalino
crítico (aj.)
crónica
cualidad
cultivar
débil
decisión
deducir
defecto
depender
descender
descripción
destruir
devolver
diablo
dignidad
director
disciplina
discurrir
discusión
disminuir
distraer
divertir
documento
dominio
eco
edición
eficaz
ejemplar (aj.)
elección
elegir
era
estatua
estímulo
excelencia
excepción
exterior (aj.)
extremo
facilitar
fama
familiar (aj.)
femenino
firmar
formación

formidable
fruta
futuro (n.)
generoso
glorioso
gobernador
gratitud
grato
habilidad
herencia
horror
idéntico
inclinar
infancia
infantil
inferior
ingenuo
inocente
inspirar
instituto
intenso
interior (n.)
intervenir
invitar
julio
justificar
juvenil
legítimo
lento
lindo
lógico
manuscrito
margen
material (n.)
meditar
mediterráneo
mental
merced
metal
metro
milagro
ministerio
molestar
norma

153

notable
núcleo
obligación
odio
oficial (aj.)
oficina
opinar
oportuno
ordenar
papa
paraíso
párrafo
permanente
poesía
poético
porción
posesión
positivo
práctica
precio

premio
prescindir
presumir
pretensión
prosa
protestar
radio
rebelde (aj.)
recurso
redacción
reparar
requerir
residir
resistencia
resolución
rumbo
sacerdote
secretario
séptimo
sexto

singular
situar
substancia
substituir
suficiente
supremo
temporada
tesis
testimonio
transcurrir
transformar
triunfar
unión
variar
verificar
víctima
violencia
visible
voto

(E) 5th Decile

abundar
académico (aj.)
actriz
adorar
afectar
afecto
agente
aludir
alusión
antigüedad
aparente
aparición
arbitrario
aspiración
atento
audacia
barbarie
bárbaro (aj.)
calcular
calificar
canción
católico (aj.)
célebre
celeste
celo
cementerio
circular
claustro

complejo
congreso
cónsul (aj.)
consumir
contento
corregir
creador
crédito
crimen
culto
debilidad
delirio
designar
diálogo
disfrutar
distinción
drama
duelo
educación
efectivo
eficacia
ejecución
ejercicio
elegancia
elogio
ensueño
envidia
escándalo

esfera
exagerar
exaltación
exaltar
examen
exceso
facilidad
fatal
final
finalidad
favorable
fecundo
fingir
foco
fundación
galería
girar
gravedad
ignorancia
iluminar
imitar
ímpetu
implacable
incluir
influjo
inicial
injusticia
insigne

institución
instrucción
integrar
interpretar
introducir
invención
lamentar
magnitud
magno
majestad
matemático
máximo
meditación
modificación
modificar
monstruo
monumento
multiplicar
multitud
músico
noción
normal
obedecer
obstáculo
oculto
oficial (aj.)
oposición
oración
ordinario
órgano
oriente
paciencia

pálido
paralelo
peculiar
pérdida
perfección
perpetuo
poema
potencia
precisión
preparación
prestigio
pretexto
previo
propicio
proseguir
proteger
provocar
proyectar
publicación
quieto
real (n.)
rebelión
reclamar
recto
reflejo
reflexión
regular
reino
relativo
relato
renovar

residencia
ritmo
rumor
sensible
signo
símbolo
solemne
solicitar
sucesión
sucesivo
sugerir
sumar
sumo
superficial
superficie
suprimir
suspender
temperatura
templo
transformación
tránsito
tribu
tribunal
unánime
vacilar
vago
velocidad
versión
vicio
victoria
vocación

(F) 6th Decile

absurdo (n.)
abundancia
acento
administración
aéreo
afición
agitar
agrícola
alimento
ámbito
amplitud
apelar
aplaudir
aportación
área
arquitectura

artificial
asignar
atracción
audiencia
aumento
aurora
beneficio
castigar
celda
cliente
colega
cómico (aj.)
comunidad
concesión
concreto
conmover

consultar
contestación
convicción
copla
coro
cotidiano
culto (n.)
decreto
demonio
derivar
dictar
difundir
dimensión
disolver
economía
editor

elocuencia
emperador
encantador
engendrar
escrúpulo
esencia
espectador
espectro
evidencia
evocar
excitar
exclamar
exclusivo
excursión
expedición
exquisito
externo
factor
fauna
feroz
ficción
formal
frecuente
fuga
germen
gobernación
hábito
igualdad
implicar
imprimir
incorporar
inefable
infinidad
informar
ingreso
insecto
intento
intervención

intuición
invitación
irritar
laborioso
mansión
maravilla
martirio
matemática
melancolía
milicia
mínimo (aj.)
monstruoso
motor
múltiple
mutuo
nocturno
objetivo (aj.)
objetivo (n.)
occidental
occidente
ofender
pecar
peregrinación
perenne
planeta
preceder
prejuicio
presentación
presidir
princesa
privilegio
prodigioso
profeta
profundidad
prolongar
proposición
rebelde (n.)

rector
recurrir
redactar
regir
reinar
relatar
reservar
respirar
resumir
rotundo
rudo
sensibilidad
sentencia
separación
sepultura
sesión
severo
sexo
significación
síntoma
solar
sólido
soportar
sublevar
sublime
sugestión
superstición
taberna
terror
tomo
traducción
transparente
transmitir
tremendo
uniforme
útil
vigilar

(G) 7th Decile

abstener
abuso
accidente
activo
acusación
administrar
agregar
alteración
alternar

amable
anular
argumento
árido
aroma
asumir
augusto
aula
ausencia

auxilio
ávido
caridad
cerebro
código
colectivo
compromiso
concepción
condenar

conductor
confesión
conflicto
conservación
consignar
contrariedad
crepúsculo
danar
decorar
denominar
denso
denunciar
detención
devoción
discreto
disimular
disipar
distrito
doméstico
elaboración
encomendar
erudito (aj.)
espontáneo
estómago
estrato
eternidad
exageración
exigencia
expansión
fabricar
fábula
flaco
flora
frenesí
glándula
hábil
horrible
ilustrar
inaugurar
inclinación
indignación

inédito
inexorable
información
infundir
inquieto
inspiración
íntegro
invadir
invento
júbilo
león
leve
líquido
marítimo
máxima (n.)
medieval
meridional
modestia
obsesión
ocupación
operar
orador
ostentar
pacífico
pacto
palpitar
patronato
pensión
perdurar
perspectiva
petróleo
piropo
plantar
potente
precaución
presentir
presión
prever
proclamar
prohibir
pronto (aj.)

propaganda
propagar
prosperar
prudente
quietud
quimera
remitir
retroceder
revelación
ridículo
rígido
rigor
robusto
rural
sacrificar
sector
seducir
sepulcro
sexual
simplicidad
sonido
subsistir
sujetar
sujeto (aj.)
tentación
testamento
tolerar
traición
tribuna
turbar
última
utilidad
vapor
vasto
vértigo
vicisitud
vigilancia
vigor
viril
virtuoso
vulgo

157

(H)   8th Decile

abismo	determinar	instancia
abstracción	diligencia	integral
abstracto	discernir	intelectual (aj.)
acumular	disolución	interno
adaptar	dispensar	interrumpir
alterar	disputar	invencible
amazona	diversidad	invertir
ambición	divisar	irresistible
animación	docto	jurídico
animal (aj.)	dote	latitud
ansiedad	ejecutar	legal
apertura	eliminar	legión
aplauso	emperatriz	lente
árabe (n.)	ente	lentitud
artífice	enumeración	lesión
asiduo (aj.)	erudición	lícito
asistencia	esquema	litoral
atinar	esteril	luto
ausente	estúpido (aj.)	malicia
busto	exceder	manifiesto
cándido	exhibición	mediocre
categórico	expreso	municipio
célula	extinguir	músculo
centuria	fatalidad	navegación
ciclo	felicitar	navio
clérigo	fertilidad	negativo
cólera	fervor	notario
comisario	fiscal	oscuridad
comprensión	física	parroquia
concurso	fragmento	paterno
conformar	frecuentar	patrón
congregar	furia	perdurable
consciente	generalidad	peregrino
conspirar	gestación	petición
continuidad	gestión	plenitud
contradicción	habitual	popularidad
contribución	hostil	prevenir
contraer	identidad	prosperidad
conversar	imaginario	protección
corporal	incitar	proyección
corrección	incurrir	prudencia
creador (n.)	indicación	pueril
crueldad	índice	recrear
deformar	indicio	rectificar
democracia	índole	redimir
demostración	innovación	regio
desierto (aj.)	inseparable	regular (v.)
desviación	insinuar	reparación

repertorio
replicar
resucitar
rústico
secreto (aj.)
secular
sede
selecto
septentrional
solemnidad
suavidad

sublevación
subterráneo
suplicar
suposición
suscitar
teatral
tirano
transeunte
tubo
universo

vagabundo
vegetación
vehemente
venerable
verbo
vestíbulo
vibración
vibrar
vigente
votar

(I) 9th Decile

académico (n.)
adhesión
adolescencia
adornar
afeitar
afinidad
agolmeración
agricultura
águila
anatomía
animoso
archivo
astro
ateneo
átomo
bendición
brevedad
calendario
cañón
capital (aj.)
cardenal
católico (n.)
clave
coacción
comparable
compensar
conducto
confederación
confesor
congregación
contradecir
contrato
correcto
corroborar
deficiencia
deleitar
delicia

difunto
diputación
distar
divorcio
edificar
elaborar
elevación
elocuente
eminente
emitir
enigma
escultura
especulación
estabilidad
esterilidad
estremecer
ético
evangelio
evocación
explosión
factura
fermento
fertil
frenético
fronda
frondoso
fulgor
fúnebre
furioso
generosidad
globo
honesto
húmedo
ídolo
ilustración
imperar
india (n.)

indio (aj.)
iniciación
injuria
inocencia
interminable
interrogar
inventor
itinerario
jerarquía
judicial
lema
localidad
longitud
magia
magistral
materno
médula
miserable (aj.)
módico
mostrador
móvil
municipal (aj.)
naufragio
nuca
obediencia
objeción
ocaso
opresión
orbe
pariente
participar
particularidad
penumbra
persistir
perturbador
plácido
plebeyo

precipitar
predicar
predilección
prevalecer
primario
primordial
probabilidad
procedencia
procesión
proveer
provenir
pudor
pulular
radical
recepción

receta
recóndito
refugio
renovador
repugnar
reputación
resplandor
restaurar
rubor
salvación
secundario
sensual
servidor
sucesor
sucinto

sumergir
tenacidad
tenaz
terminación
terso
tímido
tormento
torrente
transición
trono
turba
vehículo
viceversa
vivienda
vocablo

(J) 10th Decile

abnegación
administrador
adquisición
adusto
agrario
almirante
ánima
arquetipo
atleta
atributo
atrio
audaz
austero
caos
catálogo
celebración
centenario
cínico
coetáneo
combustible
conservador (n.)
contagio
contiguo
contraposición
copioso
cultivador
cúmulo
curvo
decoro
delegación
denominación
depresión
derivación

destrucción
detestar
dictamen
dieta
difusión
dilatar
disertación
disminución
distribución
dócil
dogma
dominación
emanar
epidermis
ermitaño
especialidad
estricto
estupendo
estúpido
exento
exhalar
exhibir
extravagante
facción
familiar
faro
fastuoso
férreo
filiación
finito
fluir
frágil
fugaz

fundir
gemir
gentil
gigante
gitano
glosar
gremio
habitar
himno
hostilidad
humildad
imitación
impenetrable
imperial
infernal
ingenuidad
insultar
integridad
inverso
ironía
latente
ligar
limitación
martir
mención
milla
mixto
moralidad
mortalidad
munición
narración
nativo
náufrago

necio
notorio
obscuridad
obstinar
ofensa
opaco
oral
parcial
participación
patrimonio
pausa
pensador
perforar
perito
perjuicio
perplejidad
platónico
posterior (n.)
profesar

prójimo
providencia
química
rapaz
regreso
repente
repercusión
repulsión
resignar
resurrección
revisar
revisión
rival
rótulo
salto
santidad
satelite
selección

silvestre
simular
sobriedad
superfluo
suplicio
suplir
sustentar
tenebroso
terrestre
tolerancia
traductor
transcender
triangular
tumba
ulterior
variación
virginidad
virrey

2.2 Romance Languages

2.21 French

(A) 1st Decile

marchar   país   realizar

(B) 2nd Decile

abandonar   emplear   ligero
arrancar   extranjero (aj.)   millón
dama   hotel   plan
detalle   jardín   porvenir
emoción   jefe   sorprender

(C) 3rd Decile

borde   paisaje   taller
duque   rechazar   tren
extranjero (n.)   romántico   ventaja
norte

(D) 4th Decile

decadencia   instalar   revolucionario
destacar   moda   ruta
egoísmo   pasaje   sur
entrevista   perfil   tropa
evolución

(E) 5th Decile

aportar			dibujar			musulmán (aj.)
banda			entusiasta		regalar
cuartel			fila			timbre

(F) 6th Decile

analizar		chocar			gigantesco
asamblea		desfilar		placa
avión			este			pleito
avisar			flotar			renta
banquete		funcionario		resorte
botón			galán (aj.)		silueta
chimenea		garantía		tranvía

(G) 7th Decile

bachiller		egoísta			montar
barroco			fotografía		parlamento
baúl			fotógrafo		reproche
billete			fusil			trinchera
bordo			guapo			vitrina
carmín			joya

(H) 8th Decile

artillería		gabinete		jaula
bloque			galán (n.)		nivel
enfadar			galante			pantalón
farsa			garantizar		violeta
flota

(I) 9th Decile

anverso			forjar			sargento
blasón			gala			surtir
céntimo			gallardo		talle·
etapa			rango			tarjeta
explotar		restaurant		trayectoria
flecha

(J) 10th Decile

bahía			departamento		paralizar
barricada		derrota			sien
botella			favorito		similar
camión			granja			turquesa
cobarde			levita			víveres
coraje

2.22 Italian

(A) 1st Decile

grupo   novela

(B) 2nd Decile

actitud   café (bebida)   retrato
balcón   guardia

(C) 3rd Decile

apoyar   atacar   ingeniero

(D) 4th Decile

casino   marcar   relieve

(E) 5th Decile

brillar   capricho   coronel
bronce   contorno   muralla

(F) 6th Decile

charlar   equilibrio   pintoresco
cúpula   fachada

(G) 7th Decile

asalto   concierto   manejar
café (casa)   fascismo   recinto
caricia

(H) 8th Decile

aguantar   escopeta   lápiz
campeón   fracasar   medalla
esbelto

(I) 9th Decile

batallón   colina   corbata

(J) 10th Decile

boceto   folleto   piloto
fanal

2.23 Catalán

(A) 1st Decile

papel   viaje

(B) 2nd Decile

avanzar

(C) 3rd Decile

bosque   orgullo   reloj
buque   prensa

(D) 4th Decile

caja   falda

(E) 5th Decile

faena   trozo

(F) 6th Decile

correo   linaje   salvaje

(G) 7th Decile

guante   pólvora   retablo
imprenta   presa   roca

(H) 8th Decile

barraca   pantalla   semblante
mercader

(I) 9th Decile

bala   farol   sor
clavel   plantel   zozobra

(J) 10th Decile

festejar   forastero   vanguardia

2.24 Provençal

(B) 2nd Decile

bello	jamás	marqués

(C) 3rd Decile

gris   patio

(D) 4th Decile

bailar   jornada   marquesa
fraile

(F) 6th Decile

desastre   laurel

(G) 7th Decile

despachar   fray   homenaje

(H) 8th Decile

bola   embajada

(I) 9th Decile

sostén

(J) 10th Decile

estuche   mensaje

2.25 Portuguese

(C) 3rd Decile

vera

(D) 4th Decile

traje

2.3 Greek

(A) 1st Decile

cara   época   idea

(B) 2nd Decile

histórico   tema   teoría
sistema

(C) 3rd Decile

categoría   método   programa
crítica   música   simpatía
filosofía

(D) 4th Decile

broma   heróico   prólogo
económico   hipótesis   trágico
estético   período

(E) 5th Decile

atmósfera   episodio   monarca
catástrofe   mágico   patriota
dramático   mito

(F) 6th Decile

analogía   fantasma   protagonista
armonía   fantástico   síntesis
democrático   místico   teléfono
eléctrico   paradoja

(G) 7th Decile

anónimo   esqueleto   lírico
aristocracia   exótico   mecánico
astronomía   fase   monasterio
eclesiástico   geografía   retórica
esclavo

(H) 8th Decile

anécdota	diáfano	monarquía
antipatía	epopeya	polo
armónico (aj.)	escolástico	psicología
armónico (n.)	manía	telegrama

(I) 9th Decile

análisis	esporádico	microscopio
calma	geometría	psicólogo
enciclopedia		

(J) 10th Decile

arcáico	dinámico	hegemonía
aristocrático	dinamismo	metrópoli
asiático	epílogo	panorama
autónomo	farmacéutico	patético
compatriota	farmacia	pétalo
cráneo	giro	tópico
década		

2.4 Arabic

(A) 1st Decile

hasta

(C) 3rd Decile

andaluz	rincón	tarea
barrio		

(D) 4th Decile

aceite	aldea	cifra
alcalde	azar	

(E) 5th Decile

alcoba	arroz	ola

(F) 6th Decile

alcazar

167

(G) 7th Decile

alcohol	azotea	limón
alforja	azúcar	marfil
almacén	jinete	taza

(H) 8th Decile

achacar	arrabal	hazaña
alquiler		

(I) 9th Decile

almanaque	gabán	guitarra
asesino	garra	

(J) 10th Decile

alfiler	azulejo	ronda
auge		

2.5 Other Languages

2.51 American Indian

(G) 7th Decile

chocolate   tabaco

(H) 8th Decile

patata

(I) 9th Decile

butaca   maíz

2.52 Chinese

(E) 5th Decile

té

2.53 English

(D) 4th Decile

organismo

(G) 7th Decile
club   comité
(H) 8th Decile
lord
(I) 9th Decile
cheque   suicidio   turista
(J) 10th Decile
interviú   racial

2.54 German

(B) 2nd Decile
cultural
(F) 6th Decile
pistola
(H) 8th Decile
regimiento

2.55 Germanic

(H) 8th Decile
bigote

2.56 Hebrew

(I) 9th Decile
amén

2.57 Dutch

(H) 8th Decile
escaparate
(J) 10th Decile
dique

2.58 Magyar

(B) 2nd Decile
coche

2.59 Swedish

(E) 5th Decile
ruso

2.6 Unknown, Uncertain

(D) 4th Decile
perro

(E) 5th Decile
burla

(G) 7th Decile
garbanzo   zapato

(H) 8th Decile
ademán   susto

(I) 9th Decile
escueto   estribo   rebaño

(J) 10th Decile
naipe

3.0 CREATED WORDS

3.1 Composition

(A) 1st Decile
aunque   porque (c.)   tampoco
cualquier   también   usted
demás (pn.)

(B) 2nd Decile
cualquiera   demás (aj.)   por qué (av.)

(C) 3rd Decile

asimismo   siquiera (av.)   siquiera (c.)
kilómetro

(E) 5th Decile

entretanto   mediodía

(F) 6th Decile

malograr   pormenor

(G) 7th Decile

bienestar   hispanoamericano

(H) 8th Decile

ferrocarril

(I) 9th Decile

entrambas   sinnúmero   sobrenombre
nordeste

(J) 10th Decile

aeroplano   escalofrío   norteamericano
aguardiente   maniobra   sobresalir
desparramar

3.2 Agglutination

(A) 1st Decile

además   después   quizá
ahora   donde   todavía
desde   hacia

(B) 2nd Decile

acaso   apenas   delante
adelante   ayer   encima
ahí   debajo

(C) 3rd Decile

adonde   arriba   detrás
anoche   atrás

(D) 4th Decile

abajo				alrededor			aparte
acerca

(E) 5th Decile

enseguida			no obstante

(F) 6th Decile

hidalgo

(G) 7th Decile

adiós				enfrente

(H) 8th Decile

afuera				alarma

(I) 9th Decile

despacio

(J) 10th Decile

adentro

3.3 Derivation

3.31 Prefixation

(A) 1st Decile

aparecer			recoger				reconocer
descubrir

(B) 2nd Decile

acercar				desaparecer			imposible
acompañar			encerrar			reunir
corresponder

(C) 3rd Decile

componer	encargar	reacción
desarrollar	infinito	recorrer
desconocer	internacional	retirar
emprender	inútil	

(D) 4th Decile

acoger	deshacer	indispensable
aguardar	incapaz	renacimiento
automóvil	independiente	repartir
descansar	indiferente	

(E) 5th Decile

confiar	independencia	reanudar
desempeñar	inesperado	recomendar
desprender	inevitable	remontar
entretener	invisible	reproducir
impaciencia		

(F) 6th Decile

colaborar	inconveniente	insignificante
combatir	indeciso	reponer
desconcertar	indefenso	resaltar
desigual	indiferencia	traspasar
escoger	indirecto	

(G) 7th Decile

avenir	impotencia	insoportable
comprometer	inagotable	inverosímil
desayuno	incesante	predominio
despreciar	inconsciente	renegar
disculpa	indiscutible	reposar
equivaler	injusto	retornar
estirar	inmóvil	

(H) 8th Decile

comarca	desigualdad	increíble
convivir	deslizar	indefinible
descomponer	impuro	insospechado
descuidar	incierto	reconstruir
desesperar	incompleto	

(I) 9th Decile

abatir	inculto	reconstrucción
acomodar	indigno	recortar
asemejar	infeliz	rehacer
derribar	infiltra	repasar
impaciente	innegable	revivir
impureza	recelar	triángulo

(J) 10th Decile

arremeter	desparecer	ineludible
compartir	desplegar	infiel
conjurar	desproporción	inmortal
debatir	encantar	inofensivo
desatar	encubrir	insólito
desconfiar	incomparable	irresponsable
desentender	inconfundible	percatar
desinterés	indiscreto	rebuscar

3.32 Suffixation

(A) 1st Decile

cultura	importancia	pequeño
desear	interesar	precisamente
empezar	movimiento	señora
encontrar	nacional	sentimiento
estudiar	necesidad	tocar
faltar	pasar	verdadero
fijar	pensamiento	

(B) 2nd Decile

alegría	establecer	periódico
artista	expresar	personaje
aumentar	frontera	personalidad
belleza	gozar	precioso
casar	influencia	preocupación
central	inglés	seguramente
compañero	interesante	semejante
compañía	llenar	señalar
completamente	maravilloso	situación
conocimiento	mayoría	solamente
demasiado	muchacho	trasladar
despertar	naturaleza	usar
especialmente	naturalmente	ventana
esperanza	perfectamente	viajero

(C) 3rd Decile

adivinar	inmediatamente	proporcionar
altura	inventar	pureza
amoroso	laboratorio	rápidamente
artístico	lejano	regresar
bandera	lenguaje	republicano
bonito	locura	respetar
camarada	manifestar	riqueza
causar	misterioso	rodear
civilización	muchacha	salón
colonia	nervioso	señorita
confianza	novelista	serenidad
criatura	organización	simpático
descubrimiento	organizar	soledad
diario	periodista	sonar
directamente	peseta	tendencia
distancia	poderoso	tristeza
enterar	precisar	únicamente
entrada	principalmente	utilizar
exclusivamente	procedimiento	verdaderamente
fácilmente	profesional	viajar
fundamental		

(D) 4th Decile

absolutamente	dictadura	mecanismo
acontecimiento	doloroso	millar
agradable	elemental	nacimiento
americano	enseñanza	peligroso
apartar	equivocar	piadoso
caminar	eternamente	pobreza
cansancio	excesivo	probablemente
carretera	expresivo	puramente
castellano (aj.)	extrañar	realmente
castellano (n.)	finalmente	registrar
catedral	genial	reunión
colaboración	gracioso	revolucionar
combinación	grandeza	romanticismo
constantemente	historiador	sentimental
decisivo	individual	silencioso
definitivamente	innumerable	sombrero
definitivo	juntar	típico
delicioso	labrador	titular

(E) 5th Decile

actuación	alegrar	atractivo
actualmente	amenazar	bolsillo
adelantar	apacible	borrar

175

brotar
campesino
característico
caracterizar
ciertamente
claramente
completar
contentar
creencia
delicadeza
efectivamente
efectuar
embajador
esclavitud
especialista
estallar
estancia
experimentar
favorecer
filosófico
fundamento
hallazgo

idear
igualmente
impresionar
industrial
ingenioso
ingresar
intensidad
limpiar
madrileño
mejorar
mentira
nobleza
noveno
nuevamente
orientación
oriental
pareja
particularmente
pasear
plantear
preferencia
presenciar

profundamente
rebeldía
recientemente
reconocimiento
referencia
refugiar
relacionar
respectivo
responsabilidad
sabiduría
sencillamente
sencillez
señorito
sevillano
sillón
simplemente
ternura
totalmente
tradicional
universitario
vejez

(F) 6th Decile

administrativo
amargura
burlar
caballería
caserío
casona
casualidad
catedrático
comercial
consejero
conveniencia
copiar
crecimiento
cumplimiento
decoración
decorativo
dichoso
diferenciar
diversión
docena
dudoso
dulzura
encantador
enérgico
entendimiento

escenario
estadística
exactitud
excepcional
fabuloso
fortaleza
frecuentemente
funcionar
generalmente
geográfico
heroísmo
indudablemente
intensamente
intimidad
liberalismo
llanura
madurez
mediar
mejicano
metálico
mocedad
muchísimo
normalidad
orgánico
pelear

portal
practicar
presidencia
prisionero
psicológico
pueblecito
rapidez
razonable
realización
reflejar
riguroso
sangriento
seriamente
significativo
socialista
soltar
sospechoso
superioridad
tejado
tontería
tranquilamente
tranquilizar
urbano
urgencia

(G) 7th Decile

alimentar	enteramente	originalidad
ansiar	esencialmente	originar
apetencia	espantoso	pañuelo
aptitud	estribar	pasillo
arqueológico	exactamente	penoso
basar	fervoroso	perfeccionar
burgués	fisionomía	pesadumbre
cabal	formular	plenamente
clamar	francamente	portada
cañón	funcionamiento	prolongación
caprichoso	gustoso	propiamente
caserón	hermosura	propietario
centenar	holandés	provinciano
certeza	instalación	provisional
cobardía	intelectualismo	proximidad
comedor	invasión	realismo
comodidad	investigador	receloso
compañera	irónico	rectangular
considerablemente	juicioso	reflexionar
cordialidad	lentamente	remediar
cordura	letrero	responsable
corredor	librería	sabroso
cuantía	llamamiento	semejanza
cuartilla	mandato	serrano (aj.)
chiquillo	meseta	sinceridad
desagradable	minero	sindicato
desaparición	novelesco	sufrimiento
desesperación	odiar	tiranía
diccionario	optimismo	trabajador (aj.)
distante	orientar	travesía

(H) 8th Decile

abertura	bruscamente	duración
abrumador	callejero	ensayar
abusar	cariñoso	escritura
acentuar	catolicismo	excelentísimo
aclaración	cercano	explotación
afortunadamente	colonial	extrañeza
agujero	conquistador	extremar
anteriormente	considerable	fisiológico
antipático	consolador	forzoso
apreciación	constitucional	frivolidad
aproximadamente	cooperación	golpear
asombroso	cortés	grosero
autorizar	cortesía	helar
barrera	deseoso	hundimiento
bravura	difícilmente	importación

instintivo
jesuita
juramento
justamente
lealtad
librito
lumbrera
mediano
misticismo
monárquico
montón
morisco
motivar
niñez
nombramiento
nutritivo
ocurrencia

optimista
orgulloso
patriótico
patrono
peninsular
periodístico
personalmente
pinar
poquito
portentoso
progresivo
provechoso
ramificación
razonamiento
rendimiento
representativo
respetable

ribera
risueño
rodilla
rosario
satisfactorio
simbólico
solariego
solidaridad
solidez
sucesivamente
tardío
teórico
totalidad
tripulación
vagamente
viejecita

(I) 9th Decile

admirador
afanoso
agradecimiento
agudeza
alojamiento
amarillento
arbitrariamente
argentino
arribar
artificioso
ascendencia
asesinar
autoritario
aventurar
azaroso
beneficiar
bíblico
biológico
blancura
bondadoso
borroso
brindar
burguesía
calificación
carlista
casamiento
castizo
cercanía
ciudadano (aj.)
clientela

coincidencia
colosal
competencia
complementar
concretamente
concretar
conmovedor
constructor
contradictor
convencimiento
cordillera
correspondencia
cósmico
cuartito
derrotero (n.)
desgraciadamente
diplomático (aj.)
dominante
electricidad
embriaguez
empresario
escasez
escondite
esquivar
establecimiento
estatal
evidentemente
finalizar
flaqueza
fugar

fusilar
golondrina
guarnición
herramienta
hidalguía
individualismo
integración
internar
inútilmente
jugador
juntamente
labriego
lejanía
ligeramente
ligereza
luminosidad
matricular
medianamente
medicinal
mencionar
mentalmente
ministerial
minucioso
negrura
obligatorio
parlamentario
partidario
patriotismo
perezoso
pesimismo

picar
pradera
primaveral
primeramente
publicidad
renglón

saludable
serenar
sombrío
suficientemente
sumamente

tembloroso
terraza
transparencia
venganza
voluptuosidad

(J) 10th Decile

acrecentar
admirablemente
alameda
alegremente
alianza
almohadón
alteza
altísimo
angustioso
aparentemente
apasionadamente
apreciable
ardoroso
asaltar
asesinato
aventajar
averiguación
balancear
brioso
cacharro
cajón
callejuela
campear
cartera
cerebral
cochero
colaborador
comunista
constitutivo
continuamente
contradictorio
cronista

cuidadosamente
dependencia
despacito
dolorido
dureza
entusiasmar
expulsar
extraordinario
familiarizar
fatalmente
forzar
fraternidad
frialdad
guerrero
humorístico
imposibilidad
iniciativa
ladera
lechuza
libremente
mañanero
mantón
melancólico
metódico
miliciano
modernamente
morador
mundial
neblina
ocioso
ojal
papeleta

pasajero
pedagógico
pesadilla
poderosamente
portería
préstamo
presuntuoso
principiar
radicalmente
razonar
recriminación
remotísimo
reproducción
respectivamente
revolotear
revoltoso
santísimo
sexualidad
sindical
singularmente
socialismo
soviético
techumbre
timidez
torpeza
trepar
últimamente
verdura
violentamente
violentar
voluntario

3.33 Prefixation - Suffixation

(A) 1st Decile

acabar

(B) 2nd Decile

alcanzar	apuntar	asegurar
aprovechar		

(C) 3rd Decile

acertar	agradecer	alejar
aconsejar		

(D) 4th Decile

enamorar

(E) 5th Decile

abrazar	aproximar	embarcar
acostar	arreglar	empeñar

(F) 6th Decile

abordar	apresurar	avergonzar
acostumbrar	arrastrar	enterrar
ahorrar	asombrar	esforzar
alumbrar	asustar	reaccionar
apoderar		

(G) 7th Decile

aclarar	antojar	desesperación
acreditar	ayuntamiento	enlazar
agarrar	desembarcar	subrayar

(H) 8th Decile

agradar	irreprochable	retrasar

(I) 9th Decile

agrandar	apasionar	desenvolvimiento
ajustar	apurar	entablar
alargar	arrebatar	entonar
allanar	desayunar	

(J) 10th Decile

ahuyentar	concentrar	inacabable
apanar	engrandecer	reforzar
arrollador	ensombrecer	

3.4 Back Formations

(A) 1st Decile

cambio	embargo	prueba
cuenta	gobierno	trabajo
duda	interés	

(B) 2nd Decile

acuerdo	lucha	recuerdo
cargo	marcha	resto
destino	planta	revista
esfuerzo	pregunta	visita

(C) 3rd Decile

acordar	comienzo	matiz
apellido	desarrollo	paseo
ayuda	desgracia	proyecto
baile	encanto	rasgo
cariño	grito	

(D) 4th Decile

afán	despacho	protesta
ataque	dibujo	reforma
busca	disgusto	reposo
carga	empeño	reserva
castigo	mando	trato
cruzar	perfume	vuelo
desdén	piso	

(E) 5th Decile

acierto	descanso	muestra
alcance	fatiga	olvido
aliento	finca	resumen
anhelo	gasto	riego
anuncio	honra	socorro
arreglo	heulla	tertulia
combate	informe	testigo
consuelo	lástima	tiro
contraste	mezcla	trance
charla		

(F) 6th Decile

adorno	apoyo	asombro
amparo	asiento	basta

caza
cobrar
consulta
depósito
encargo
engaño

espanto
estampa
guía
pago
perdón

porte
postre
retiro
sonrisa
traza

(G) 7th Decile

abono
aristocrata
cita
compás

chiste
deleite
deporte
encuentro

enlace
entierro
fracaso
sosiego

(H) 8th Decile

abandono
abrazo
abrigo
alivio
antojo

aposento
cortejo
descuido
empleo
engendro

recelo
saludo
sospecha
trazo

(I) 9th Decile

compra
consigna
demanda
desenlace
destierro
enmienda

enojo
goce
manejo
pugna
reclamo

replica
robo
ruego
soplo
transporte

(J) 10th Decile

consumo
danza
desafío
desengaño
desprecio
desván
disfraz

disputa
enredo
envío
escape
firma
pesca

pliego
pliegue
recompensa
regalo
retraso
toque

3.5 Change of Suffix

(B) 2nd Decile

barco

derecha

(C) 3rd Decile

alguién

(D) 4th Decile

amo   curva

(E) 5th Decile

huerta   portugués

(I) 9th Decile

choza   loma   mecánica
clínica

(J) 10th Decile

cigarro   maestra   única

3.6 Expressive Formation

(D) 4th Decile

oh

(E) 5th Decile

ah   ajá

(F) 6th Decile

ay

(G) 7th Decile

garganta   tonto

(H) 8th Decile

bah   carcajada   hola

3.7 Abbreviation

(A) <u>1st</u> <u>Decile</u>

sino

(E) <u>5th</u> <u>Decile</u>

auto   media

(F) <u>6th</u> <u>Decile</u>

cine   piano   teniente

3.8 Change of Function

(A) <u>1st</u> <u>Decile</u>

derecho   hecho (aj.)   siguiente (aj.)
dicho (aj.)   joven   sólo (av.)
durante (av.)   llamado   tarde
estado (n.)   nada (av.)   todo (pn.)
general (n.)   sentido   vista (n.)

(B) <u>2nd</u> <u>Decile</u>

abierto   dado   junto
bastante (aj.)   deber   medida (n.)
bastante (av.)   determinado   mirada
brillante   enfermo   nuevo
capital   fecha   partido (n.)
conocido   habitante   pasado (aj.)
contrario   ideal (n.)   pasado (n.)
corriente (n.)   importante   poco (n.)
cuarto (n.)   intelectual   presidente
público   sabio   ser (n.)
puesto (aj.)   santa (n.)   unido
puesto (n.)   secreto   vuelta (n.)
resultado   seguida

(C) 3rd Decile

absurdo	estudiante	perdido
aislado	extremo	plano
blanco	final	práctico
cerrado	incluso	preparado
constante	individuo	presente (n.)
corriente (aj.)	inglés (n.)	producto
cristiano	izquierda	querido
cuanto (pn.)	junta (n.)	reducido
debido	largo	representante
decidido	loco	respuesta
demasiado (av.)	llegado (aj.)	rojo
diario	mal (n.)	salida
diferente	mañana (av.)	santo (n.)
dispuesto	mas (c.)³	seguido
dorado	menos (aj.)	segundo (n.)
elevado	militar (n.)	soldado
empresa (n.)	mucho (pn.)	tanto (pn.)
enamorado (aj.)	muerto	vestido (aj.)
escrito (aj.)	nacido	viejo (n.)
escrito (n.)		

(D) 4th Decile

abundante	descubierto	pecado (n.)
acompañado	detenido	pesado
alrededor (n.)	diputado	pintado
amado	donde (pn.)	político
amante	empleado	privado
animado	encantado	publicado
azul	establecido	rodeado
bien (n.)	expuesto	satisfecho
chino (n.)	extenso	señalado
citado	formado	sentado
ciudadano	grande (n.)	situado
complicado	honrado	sorpresa
confuso	indio (n.)	suelto
considerado	llegada	sujeto
conveniente	mejor (n.)	terminado
correspondiente	menos (n.)	titulado
cosecha	moral (n.)	último (n.)
criado (n.)	obligado	valiente
cubierto	opuesto	verde (n.)
desconocido	partida	

(E) 5th Decile

acabado	dedicado	oído
amarillo	desierto	olvidado
ambos	dirigido	particular (n.)
aplicado	dividido	peor (av.)
ardiente	dominado	personal (n.)
atrevido	duro	placer
avanzado	empleado	químico
barato	encerrado	recibido
bueno (av.)	enemigo (aj.)	recogido
caído	entendido	repetido
callado	fundado	resuelto
cansado	herida (n.)	reunido
claro (av.)	hueco	saber (n.)
clásico	ilustrado	sabido
comerciante	interesado	sometido
compuesto	lamentable	supuesto
constituido	madrugada	tercero (n.)
construido	material	tomado
continente	menudo (n.)	tratado (n.)
creado	misma (pn.)	vestido (n.)
creador (aj.)	ninguno (pn.)	vieja (n.)
cultivo	oficial (n.)	visto (aj.)

(F) 6th Decile

acostumbrado	encargado	pensado
aficionado	encendido	pequeño
alto	envuelto	precedente (aj.)
bendito	erudito	promesa
característica (n.)	ganado (n.)	referido
cargado	ilumindao	refinado
casado	impuesto (aj.)	rendido
caudal (n.)	iniciado	revolucionario
chino (aj.)[4]	leído	ridículo
consiguiente (aj.)	limitado	salvaje
cortado	llano (n.)	sentir (n.)
criada (n.)	mayor (n.)	separado
desaparecido	mediado	socialista
desesperado	mediante (av.)	sonriente
desgraciado	médico (aj.)	tejido
destacado	musulmán (n.)	tendido
difuso	natural (n.)	trabajador (n.)
distanciado	organizado	triunfante (aj.)
distinguido	parecido	venido

(G) 7th Decile

abandonado	acertado	adquirido

andaluz
anunciado
apartado
apasionado
calificado
civilizado
condenado
confundido
contenido
convencido
creciente
cruzado
cubierta (n.)
cuidado (i.)
definido
delegado
desarrollado
descendiente
designado
destinado
dictado
disimulado
dormido
enamorado

encontrado
entregado
equivocado
estudiado
exaltado
herido (n.)
ignorado
incidente
inspirado
invitado
literato
local
marcado
marina
marino
mezclado
mínimo
ninguna (pn.)
parecer
pasajero
pendiente (n.)
penetrante
posada (n.)
precedente (n.)

presentado
presupuesto
primero (av.)
procedente
pronunciado
puñal
radiante
realizado
referente
representado
republicano
revuelto
sacado
seguro (n.)
significado
siguiente (n.)
sorprendente
substituido
tocante
vano
variado
visitante (n.)
viviente

(H) 8th Decile

abrumado
afortunado
agitado
apoyado
asistente
bárbaro
campesino (aj.)
colgado
coloreado
combatiente
cómico
componente
comunista (aj.)
confiado
conmovido
consagrado
consiguiente (n.)
contado
convertido
creador (aj.)
cumplido
dependiente (n.)
distraído

divertido
dotado
elegido
entrado
estado (c.)
exagerado
existente
extendido
exterior (n.)
forastero
fracasado
fresco
herido (aj.)
ignorante
infeliz
infinito
instruido
llamada (n.)
llevado
maestro (aj.)
maldito
mencionado
menor

merecido
metido
necesitado
negativa (n.)
original
pendiente (aj.)
perteneciente
pesquisa
planteado
portugués (n.)
precedido
preferido
preso (aj.)
principal
propuesto
provisto
reconocido
regalado
reservado
retirado
tal (av.)
terminante
torcido

traducido
único (n.)

vencido
vibrante

vivido
vuelto (aj.)

(I) 9th Decile

abatido	decorado	logrado
abultado	desordenado	malo (n.)
aburrido	desprovisto	morada
aceptado	dicho (n.)	obrero (aj.)
admirado	dilatado	ocurrido
alejado	dirigente	ordenado
amenazado	distribuido	orientado
aparecido	doctorado (n.)	pescado (n.)
apretado	encarnado	polémica
armado	encomendado	presidido
ascendente	entrometido	producido
asustado	esclarecido	prolongado
basado	escondido	público (n.)
celebrado	explicado	reinado
clasificado	gris (n.)	repartido
colocado	humano	roto
comparado	hundido	saliente
conservador (aj.)	impuesto (n.)	sereno
consignado	inconveniente	sorprendido
contemplado	instalado	sostenido
corrida (n.)	interrumpido	temido
crecido	jurado	traído
cuadrado	lanzado	usado
curado	licenciado	utilizado
decadente	ligado	

(J) 10th Decile

acelerado	bueno (n.)	fingido
adecuado	cenido	firmado
adherido	cercado	florido
afectado	cohibido	forzado
agradecido	cometido	grasa
alarmado	completo	guiado
aludido	comprendido	hispanoamericano
ambulante	contribuyente	imponente
antecedente	deseado	invadido
anterior	despedida	justificado
aprovechado	destruido	levantado
aproximado	detallado	madrileño (n.)
arruinado	determinante	manantial
atraído	disfrazado	manifiesto
atrayente	encumbrado	medido (aj.)
ayudado	errante	menguado
bañado	fatigado	miserable

montado
movido
municipal
noble
nublado
nutrido
observado
obsesionado
ocurrido
ofrecido
palpitante
pegado

permiso
persistente
preocupado
preso (n.)
prestado
pretendiente
proclamado
profesional
quebrantado
registrado
reinante

relacionado
repugnante
restante
romántico (n.)
salvo (av.)
serio (n.)
sevillano (n.)
tal (pn.)
temporal
transformado
trazado

NOTES

Chapter V

[1] Each decile contains 500 words or one-tenth of the basic corpus of 5,000 words; the first decile contains the first 500 most frequently used words, the second decile the second 500 most frequently used words, etc.. In this study the first decile includes 321 words inherited from Latin. Assignment to each decile depends upon the word's "coefficient of usage", a figure employed in the Juilland-Chang-Rodríguez dictionary. This coefficient is based on three criteria: usage, frequency, and dispersion (distribution) in the five genres (plays, short stories, novels, periodicals, and technical writings) of the lexical universe.

[2] The adjective chino should also be included under Latin borrowings occurring in the 6th decile.

[3] The conjunction mas should not be included here. It has already been listed under inherited words occurring in the 3rd decile.

[4] See note 2.

CHAPTER VI

CHRONOLOGICAL SUB-CLASSES

1.0 INHERITED WORDS

The inherited words in this study belong to genealogical class "1" and to chronological class "00" (indicating words present in the language when Vulgar Latin became Old Spanish). Thus, the membership of these classes is the same.

2.0 BORROWED WORDS

2.1 Latin

(A) 10th Century

almirante	divino	predicar
azul	figurar	propio
bendición	firmar	público
castigar	gentil	regla
católico (aj.)	herencia	servicio
católico (n.)	mortalidad	testimonio
conductor	mostrador	voluntad
diablo	precio	

(B) 11th Century

crear	disfrutar	ribera
cristal	población	

(C) 12th Century

adorar	digno	librar
águila	ejemplo	libro
ángel	emperador	maravilla
apreciar	emperatriz	martir
arribar	engendrar	merced
asomar	espiritual	milagro
autor	generación	monumento
caridad	glorioso	mundo
civil	gracia	natural
copla	hospital	noble
coro	humano	notar
cristiano	inclinar	obispo
defender	juicio	ocasión
desviación	justicia	oración
detención	león	orden

191

oriente
paraíso
pariente
pérdida
plantar
quitar

rapaz
redimir
reino
resucitar
salto
santidad

talento
traición
vanidad
vigor
vocación

(D) 13th Century

abismo
abundar
accidente
aceptar
acto
actor
acusación
administración
administrador
administrar
afeitar
afirmación
afirmar
amable
amazona
ángulo
animal (aj.)
animal (n.)
ansia
anunciar
apelar
apetito
árabe (aj.)
árabe (n.)
argumento
artículo
artificial
asignar
aspiración
aurora
aventura
ausencia
ausente
auténtico
autoridad
averiguar
bárbaro
beneficio
bondad
calendario
calidad

canción
cañón
cantidad
capital
capítulo
carácter
cardenal
cátedra
causa
celda
celebrar
celeste
celo
cementerio
centenario
centro
cerebro
cesar
ciencia
circunstancia
claridad
claustro
clima
cólera
columna
comparación
composición
concluir
conclusión
concreto
condenar
condición
confesar
confesión
confesor
confirmar
conformar
conservar
constar
constitución
cónsul

consumir
contemporáneo
continuar
continuo
contradecir
contradicción
contradictor
contrario
convento
convertir
copia
corporal
cotidiano
crimen
crónica
crueldad
cualidad
cuestión
culpa
dañar
décimo
declarar
decreto
deformar
deleitar
demonio
denunciar
derivar
descender
desierto
destruir
determinar
devoción
dictar
diferencia
difunto
dignidad
disciplina
discípulo
discreto
dispensar

disputar
distinguir
diversidad
diverso
divisar
división
doctor
doctrina
domingo
dudar
edificar
edificio
elección
elemento
encomendar
enfermedad
envidia
era
ermitaño
error
esfera
especial
espíritu
estabilidad
estómago
estudio
evangelio
exaltar
exponer
facción
familia
feliz
figura
fijo
filósofo
fino
física
físico
flaco
formación
formar
fruta
fundir
general
gesto
gigante
gloria
gobernador
habitación
habitar

hábito
himno
honesto
humanidad
húmedo
humildad
humor
ídolo
igualdad
iluminar
imagen
imperial
imperio
imponer
incluir
indudable
infancia
infernal
ingenio
inmediato
inocente
instrumento
joven
julio
junio
juventud
lección
legión
lesión
liberal
libertad
libre
ligar
lindo
majestad
malicia
manifiesto
mantener
margen
martirio
material
medicina
melancolía
memoria
mérito
metal
ministerio
ministro
miseria
misión

monstruo
multitud
navío
necesario
necesidad
necio
negocio
nota
notario
noticia
obedecer
obediencia
obligar
obscuridad
odio
oficio
opinión
oponer
oposición
orador
ordenar
órgano
oscuridad
paciencia
pacífico
pacto
papá
parroquia
pasión
patrimonio
pecar
peligro
perdurable
peregrino
perfección
perfecto
persona
planeta
posesión
potencia
potente
práctica
presentar
presente
principal
privilegio
procesión
proceso
procurar
prodigioso

profesión
profeta
prójimo
pronunciar
propicio
propiedad
prosa
proveer
providencia
provincia
próximo
prudente
rebelde (aj.)
rebelde (n.)
región
reinar
religión
religioso
remedio
renovador
renovar
renunciar
representación
representar
requerir
respirar
resplandor
restaurar
resurrección
robusto
rosa
rural
rústico

sacerdote
sacrificar
sacrificio
salvación
satisfacción
secreto
seguridad
sentencia
séptimo
sepulcro
sepultura
servidor
sexto
significación
significar
signo
silencio
simple
simplicidad
sincero
singular
sitio
sociedad
solitario
sonido
suave
suavidad
substancia
subterráneo
sucesor
suma
taberna
teatro

temperamento
templo
tenebroso
tentación
terminación
terminar
término
territorio
testamento
tirano
título
tormento
transformar
transición
tránsito
tratar
tribu
tributo
trono
tumba
turbar
unidad
unión
verificar
vicio
victoria
violencia
violento
virgen
virginidad
visión
visitar
voto

(E) 14th Century

activo
agitar
anatomía
ánima
ánimo
antigüedad
aportación
arbitrario
atención
átomo
audiencia
capitán
científico
colocar

conciencia
considerar
contento
contestación
contestar
convicción
corregir
designar
diligencia
disimular
disponer
disposición
distinción
escándalo

estación
estimar
examinar
excepción
experiencia
extremo
fabricar
formal
fundación
fundar
gemir
humilde
imaginación
imaginar

incorporar
información
injuria
instancia
instinto
intención
legítimo
luto
matrimonio
mención
moral
ordinario

original
paterno
perpetuo
poeta
policía
principio
profundo
proponer
propósito
publicar
raro
regir

reparar
rudo
solemne
suplicar
terrible
texto
vagabundo
variar
verso
vigilancia
virtuoso
votar

(F) 15th Century

absoluto
abstener
abstracción
abstracto
absurdo
académico (aj.)
académico (n.)
acción
acento
actual
adaptar
adhesión
admiración
admirar
admitir
adolescencia
adoptar
adornar
adquirir
adusto
advertir
afectar
afición
afinidad
agrario
agregar
agricultura
alimento
alteración
alterar
alternar
ambición
angustia
animación
animar

animoso
ansiedad
anular
aparato
aparente
aparición
apariencia
aplaudir
aplicación
aplicar
archivo
artífice
asiduo (aj.)
asiduo (n.)
asistencia
aspecto
atento
atinar
atleta
atracción
atraer
atribuir
atrio
audacia
audaz
augusto
aumento
auxilio
ávido
barbarie
biblioteca
brevedad
cadáver
cálculo
cándido

caos
capacidad
capaz
casi
caso
categórico
celebración
célebre
célula
centuria
cínico
círculo
citar
clérigo
cliente
código
colectivo
colegio
comedia
comentar
comentario
cómico
comisión
compensar
comunicación
comunicar
comunidad
concepción
concepto
concurrir
concurso
conducir
conducto
confederación
conflicto

conforme
conformidad
congregación
congregar
conjunto
conmover
consecuencia
conservación
consideración
consistir
constituir
construcción
construir
consultar
contemplar
continuación
contraer
contraposición
contrariedad
contrato
contribuir
conversación
conversar
copioso
cordial
corrección
crepúsculo
cristalino
culto
curiosidad
curioso
débil
declaración
decorar
dedicar
deducir
defecto
defensa
definición
definir
delegación
delicado
delicia
denominación
denso
depender
derivación
describir
destrucción
determinación

diálogo
dieta
difícil
dificultad
dirigir
discernir
discurrir
discurso
discutir
disipar
disminuir
disolución
disolver
distar
distinto
distraer
dividir
docto
doméstico
dominar
dominio
dote
eco
efecto
eficaz
ejecución
ejecutar
ejemplar
ejercer
ejercicio
ejército
elegancia
elegante
elegir
elevación
elevar
elocuencia
elocuente
emanar
eminente
enorme
escritor
esencia
esencial
especie
espectáculo
especulación
espléndido
estatua
esteril

esterilidad
estilo
estímilo
eternidad
eterno
ético
evidencia
evidente
evitar
examen
exceder
excelencia
excelente
exceso
excitar
exclamar
exento
exhibición
explicación
explicar
exposición
expresión
expreso
exquisito
extensión
exterior
extraordinario
fábrica
fábula
fácil
facilidad
factor
facultad
fama
familiar (aj.)
familiar (n.)
famoso
fatal
fatalidad
favor
favorable
fecundo
felicidad
femenino
feroz
férreo
fertil
fertilidad
fervor
ficción

filiación
final
finalidad
fingir
finito
fiscal
frágil
fraternidad
frecuentar
frenesí
frenético
frivolidad
fronda
frondoso
fulgor
furia
furioso
futuro (aj.)
futuro (n.)
generalidad
género
generosidad
generoso
genio
girar
globo
glosar
gobernación
grato
gravedad
gremio
gusto
hábil
habilidad
héroe
horizonte
horrible
hostil
identidad
ignorancia
ignorar
ilustración
ilustrar
ilustre
imaginario
imitación
imitar
impedir
impenetrable
imperar

ímpetu
implacable
implicar
importar
impresión
imprimir
impulso
incitar
inclinación
incurrir
india
indicio
indignación
indio
industria
inefable
inferior
influir
informar
infundir
ingreso
injusticia
inmenso
inocencia
inseparable
insigne
insistir
inspiración
inspirar
instante
instituto
instrucción
insultar
integridad
intelectual
inteligencia
intensidad
intenso
intentar
intento
interior (aj.)
interior (n.)
interno
interpretación
interpretar
interrogar
intervenir
íntimo
introducir
invasión

invencible
invención
inventor
investigación
jerarquía
judicial
justificar
juvenil
laborioso
lamentar
latitud
lector
lectura
lento
leve
lícito
limitar
límite
línea
líquido
literatura
local
localidad
lógico
longitud
luminoso
magnífico
magno
manifestación
mansión
máquina
marítimo
matemático
materno
máximo
médico
mediterráneo
médula
mental
mente
meridional
metro
milicia
militar
milla
minuto
miserable
mixto
moderno
modestia

modesto	página	proseguir
modificación	palpitar	prosperar
modificar	parcial	prosperidad
modo	párrafo	protección
molestar	particular	protestar
momento	particularidad	provocar
monstruoso	patria	prudencia
moralidad	patrón	publicación
motivo	patronato	pueril
móvil	pausa	quieto
múltiple	penetrar	quimera
multiplicar	peregrinación	rápido
munición	permitir	raza
municipio	perplejidad	rebelión
músico	personal	reclamar
nación	perspectiva	recrear
narración	perturbador	rectificar
naufragio	petición	recto
náufrago	piropo	rector
navegación	plebeyo	recurrir
negativo	plenitud	recurso
nocturno	poema	reducir
notable	poesía	referir
notorio	poético	refugio
novedad	político	regio
nuca	popular	regular
núcleo	popularidad	relación
número	posibilidad	relatar
numeroso	posible	relativo
objeción	posición	remitir
objeto	positivo	remoto
obligación	preceder	repertorio
obtener	preferir	repetir
occidental	premio	repugnar
occidente	presencia	reputación
octavo	presentación	reservar
ocultar	presumir	residencia
oculto	prevalacer	residir
ocupación	prevenir	resignar
ocupar	primitivo	resistir
ofender	princesa	resolución
ofensa	probabilidad	resolver
oficial	proceder	respecto
operación	producir	respeto
opinar	profesor	retroceder
oportuno	profundidad	revelación
opresión	prolongar	revelar
orbe	pronto	revolución
oriental	proporción	rígido
origen	proposición	rigor

ritmo	sumar	triunfo
rubor	sumergir	turba
rumbo	sumo	última
rumor	superficial	unánime
satisfacer	superficie	único
secretario	superfluo	universal
secular	superior	universo
sensible	superstición	útil
sensibilidad	suprimir	utilidad
separación	surgir	vacilar
septentrional	sustentar	vago
serenidad	teórico	vapor
serie	terrestre	variación
severo	terror	variedad
sexo	terso	vario
silvestre	tímido	vasto
simular	tiranía	vegetación
situar	tolerar	vehículo
sobriedad	tono	velocidad
solar	torrente	venerable
soledad	total	verbo
solemnidad	traducción	víctima
solicitar	traducir	viril
sólido	tragedia	virrey
soportar	tranquilidad	visible
sublime	tranquilo	vital
suceder	transcender	vivienda
sucesión	transformación	vocablo
sucesivo	transparente	volumen
suceso	triangular	vulgar
suficiente	tribuna	vulgo
sugestión	tribunal	zona
sujeto	triunfar	

(G) <u>16th</u> <u>Century</u> [1]

abnegación	aplauso	catálogo
abuso	área	ceder
actividad	árido	clase
actuar	arquetipo	clave
acumular	arquitecto	colección
adquisición	arquitectura	colega
aéreo	ascender	comercio
afecto	asistir	comisario
agente	astro	cómodo
agrícola	asumir	comprobar
aludir	atributo	conservador (n.)
ambiente	austero	consignar
ámbito	busto	conspirar
amplio	calificar	contacto

continuidad
contribución
corroborar
crédito
crítico (aj.)
crítico (n.)
cultivar
culto
cúmulo
debilidad
decidir
decisión
decoro
demostración
denominar
descripición
detestar
difundir
dilatar
dimensión
directo
discusión
disminución
distribución
distrito
divertir
divorcio
dócil
documento
dogma
duelo
edición
eficacia
ejemplar
elaboración
elaborar
emitir
enigma
ensueño
erudición
erudito
escena
escrúpulo
escultura
espontáneo
estremecer
estructura
estupendo
etcétera
evocación

exageración
exagerar
exhalar
extinguir
extravagante
facilitar
factura
fastuoso
formidable
frecuencia
frecuente
fuga
fugaz
galería
glándula
gratitud
horror
ideal
ilusión
indicar
inexorable
infantil
infinidad
influjo
innovación
inquieto
inquietud
interrumpir
invadir
invertir
itinerario
júbilo
jurídico
latente
legal
limitación
magistral
mediocre
meditación
meditar
mínimo
nativo
normal
observar
ocaso
ocurrir
oficina
opaco
pálido
paralelo

participación
participar
peculiar
perito
plácido
política
porción
precipitar
precisión
preciso
prescindir
presentir
pretender
pretensión
producción
profesar
progreso
prohibir
provenir
quietud
radical
regreso
repente
repercusión
república
resistencia
resultar
resumir
ridículo
rotundo
sede
sensual
separar
solución
sucinto
suplir
supremo
suspender
teatral
temperatura
tenacidad
tenaz
tolerancia
tomo
tremendo
ulterior
unir
universidad
vehemente
vibrar

(H) 17th Century

alumno	estúpido (aj.)	motor
alusión	estúpido (n.)	museo
amplitud	evocar	mutuo
análogo	exacto	norma
asunto	exaltación	observacíon
aula	excursión	obstáculo
calcular	exhibir	obstinar
ciclo	exigencia	ostentar
circular	exigir	península
clásico	existencia	pensión
coetáneo	existir	perenne
coincidir	expedición	persistir
combustible	externo	platónico
complejo	faro	pleno
compromiso	felicitar	posterior (aj.)
concesión	fórmula	posterior (n.)
conducta	fragmento	preocupar
conferencia	función	preparación
confusión	fúnebre	preparar
congreso	habitual	presidir
contagio	hostilidad	prestigio
contiguo	idioma	pretexto
correcto	indicación	prever
creación	índice	primario
creador (n.)	índole	primordial
curvo	ingenuidad	problema
deficiencia	ingenuo	proclamar
delirio	insecto	propagar
democracia	insinuar	proteger
depresión	integral	proximidad
devolver	integrar	proyectar
dictamen	íntegro	pudor
difusión	inteligente	pulular
diputación	intervención	química
dirección	invento	real (aj.)
director	inverso	real (n.)
disertación	invitar	realidad
dominación	ironía	receta
drama	irresistible	recóndito
economía	irritar	reflejo
educación	lentitud	regular
educar	literario	reparación
elogio	lujo	replicar
energía	magia	rival
ente	magnitud	rótulo
especialidad	manuscrito	seducir
espectador	matemática	serio
estricto	máxima	sesión

símbolo
sinceridad
síntoma
sublevación
sublevar
subsistir
substituir
sugerir

sujetar
superar
suplicio
suponer
suposición
suscitar
temporada

tesis
tipo
tradición
traductor
tubo
versión
vicisitud

(I) 18th Century

abundancia
actriz
aglomeración
apertura
aroma
asociación
aspirar
base
coacción
completo
crisis
criterio
dato
editor
efectivo
espectro
éxito
expansión
fenómeno
fermento
fluir
foco
germen
gestación

idéntico
inaugurar
inédito
iniciación
inicial
iniciar
institución
interminable
intuición
lema
lente
municipal
músculo
noción
objetivo (aj.)
objetivo (n.)
obsesión
operar
penumbra
permanente
petróleo
precaución
predilección
presión

previo
procedencia
radio
recepción
reflexión
régimen
revisión
satelite
sección
sector
secundario
selección
selecto
sensación
sexual
técnico
transeunte
transmitir
uniforme
vértigo
vestíbulo
vibración
viceversa
vigilar

(J) 19th Century

ateneo
consciente
eliminar
enumeración
epidermis
esquema
estrato
exclusivo
explosión
fauna
flora
frase

gas
gestión
invitación
litoral
módico
oral
perdurar
perforar
perjuicio
prejuicio
pronto

propaganda
proyección
redacción
redactar
relato
repulsión
revisar
social
técnica
transcurrir
vigente

(K) 20th Century

medieval

2.2 Romance Languages

2.21 French

(B) 11th Century

arrancar   gallardo   pleito

(C) 12th Century

banda   granja   renta
emplear

(D) 13th Century

botón   flota   sien
cobarde   jaula   surtir
dama   joya   talle
dibujar   ligero   ventaja
duque   montar

(E) 14th Century

aportar   coraje   galán (aj.)
avisar   extranjero (aj.)   galán (n.)
bachiller   extranjero (n.)   violeta
chimenea   flecha

(F) 15th Century

abandonar   fila   norte
bahía   forjar   perfil
borde   gala   rechazar
bordo   galante   regalar
cuartel   jardín   reproche
enfadar   millón   sur
este (n.)   nivel   tarjeta

(G) 16th Century

banquete   chocar   país
baúl   farsa   parlamento
billete   favorito   similar
blasón   flotar   trinchera
carmín   marchar   turquesa
coronel

(H) 17th Century

asamblea	emoción	taller
barricada	guapo	timbre
barroco	jefe	tren
decadencia	moda	tropa
desfilar	sargento	víveres

(I) 18th Century

analizar	garantía	pasaje
botella	gigantesco	plan
derrota	instalar	realizar
destacar	levita	resorte
entusiasta	musulmán	ruta
fusil	paisaje	sorprender
gabinete	pantalón	

(J) 19th Century

anverso	evolución	porvenir
bloque	explotar	rango
camión	fotografía	restaurante
céntimo	fotógrafo	revolucionario
departamento	funcionario	romántico
detalle	garantizar	silueta
egoísmo	hotel	tranvía
egoísta	paralizar	trayectoria
entrevista	placa	vitrina
etapa		

(K) 20th Century

avión

2.22 Italian

(F) 15th Century

artillería	grupo	novela
atacar	ingeniero	piloto
contorno	marcar	

(G) 16th Century

aguantar	bronce	charlar
apoyar	campeón	equilibrio
asalto	capricho	escopeta
balcón	caricia	fachada
batallón	coronel	fanal

fracasar
guardia
lápiz

manejar
medalla
modelo

muralla
relieve
retrato

(H) 17th Century

actitud
brillar
casino

colina
concierto
corbata

cúpula
esbelto
recinto

(I) 18th Century

café
café (casa)

folleto

pintoresco

(J) 19th Century

boceto

(K) 20th Century

fascismo

2.23 Catalán

(A) 10th Century

presa

(C) 12th Century

mercader

(D) 13th Century

bala
caja
falda

linaje
orgullo
papel

pólvora
zozobra

(E) 14th Century

farol
imprenta

reloj
salvaje

vanguardia
viaje

(F) 15th Century

avanzar
bosque
correo
festejar

forastero
guante
prensa
retablo

roca
semblante
trozo

(G) 16th Century

barraca   clavel   faena
buque

(H) 17th Century

plantel   sor   pantalla

2.24 Provençal

(C) 12th Century

fraile   homenaje   mensaje
fray   jamás

(D) 13th Century

bailar   jornada   laurel
bello

(E) 14th Century

bola   gris   marquesa
estuche   marqués

(F) 15th Century

desastre   embajada   patio
despachar

(H) 17th Century

sostén

2.25 Portuguese

(D) 13th Century

vera

(H) 17th Century

traje

2.3 Greek

(B) 11th Century

monasterio

(C) 12th Century

cara

(D) 13th Century

astronomía	filosofía	mecánico
eclesiástico	geometría	música
fantasma	histórico	retórica

(E) 14th Century

calma   monarca

(F) 15th Century

aristocracia	escolástico	manía
armonía	fantástico	monarquía
armónico (aj.)	giro	período
armónico (n.)	heroico	polo
diáfano	idea	prólogo
dramático	lírico	tema
esclavo	mágico	trágico

(G) 16th Century

broma	epílogo	místico
catástrofe	esqueleto	síntesis
cráneo	hipótesis	teoría
enciclopedia	metrópoli	

(H) 17th Century

análisis	democrático	geografía
analogía	económico	método
anónimo	episodio	paradoja
antipatía	época	patético
aristocrático	epopeya	simpatía
categoría	exótico	tópico
década		

(I) 18th Century

anecdota	eléctrico	microscopio
asiático	esporádico	patriota
atmósfera	farmacéutico	programa
compatriota	farmacia	psicología
crítica	fase	sistema

207

(J) 19th Century

arcaico   hegemonía   protagonista
autónomo   mito   psicólogo
dinámico   panorama   teléfono
dinamismo   pétalo   telegrama
estético

2.4 Arabic

(A) 10th Century

barrio

(B) 11th Century

alcalde   alcázar   aldea

(C) 12th Century

arrabal   hazaña   ronda

(D) 13th Century

aceite   arroz   hasta
achacar   asesino   jinete
alcoba   auge   marfil
alcohol   azar   rincón
almacén   azúcar   taza
alquiler   garra

(E) 14th Century

alfiler   andaluz   guitarra
alforja   gabán

(F) 15th Century

almanaque   cifra   ola
azotea   limón   tarea
azulejo

2.5 Other Languages

2.51 American Indian

(F) 15th Century

maíz

208

(G) 16th Century

chocolate tabaco

(H) 17th Century

patata

(J) 19th Century

butaca

2.52 Chinese

(I) 18th Century

té

2.53 English

(I) 18th Century

lord suicidio

(J) 19th Century

cheque   organismo   turista
club

(K) 20th Century

comité   interviú   racial

2.54 German

(H) 17th Century

pistola

(I) 18th Century

regimiento

2.55 Germanic

(F) 15th Century

bigote

2.56 Hebrew

(C) 12th Century
amén

2.57 Dutch

(G) 16th Century
dique

(H) 17th Century
escaparate

2.58 Maygar

(G) 16th Century
coche

2.59 Swedish

(I) 18th Century
ruso

2.6 Unknown, Uncertain

(A) 10th Century
zapato

(C) 12th Century
estribo   perro

(D) 13th Century
ademán   garbanzo

(D) 14th Century
burla   naipe   rebaño

(H) 17th Century
susto

3.0 CREATED WORDS

3.1 Composition

(A) 10th Century

bienestar

(B) 11th Century

entrambas

(C) 12th Century

mediodía   siquiera (c.)   también
siquiera (av.)

(D) 13th Century

asimismo   cualquiera   entretanto
aunque   demás (aj.)   sobrenombre
cualquier   demás (pn.)   tampoco

(F) 15th Century

aguardiente   por que (av.)   postrero
escalofrío   porque (c.)   sinnúmero
nordeste

(G) 16th Century

desparramar   hispanoamericano   norteamericano

(H) 17th Century

malograr   sobresalir   usted

(I) 18th Century

maniobra

(J) 19th Century

aeroplano   kilómetro   pormenor
ferrocarril

3.2 Agglutination

(A) 10th Century

adelante   arriba   delante

(C) 12th Century

acerca	atrás	detrás
adentro	desde	donde
aparte	después	hidalgo

(D) 13th Century

abajo	apenas	encima
además	ayer	hacia
afuera	debajo	quizá
ahí		

(E) 14th Century

ahora	anoche	despacio
alrededor		

(F) 15th Century

acaso	adonde	no obstante
adiós		

(G) 16th Century

alarma	enfrente	en seguida

(H) 17th Century

todavía

3.3 Derivation

3.31 Prefixation

(A) 10th Century

desentender   inesperado

(C) 12th Century

abatir	aparecer	encerrar
acercar	avenir	encubrir
acoger	confiar	escoger
acompañar	desatar	esforzar
aguardar	descubrir	traspasar

(D) 13th Century

arremeter	asemejar	combatir

212

compartir	descuidar	increíble
componer	desesperar	indiferencia
conjurar	deshacer	indiscreto
debatir	desparecer	recelar
derribar	despreciar	reconocer
desaparecer	encargar	rehacer
descomponer	impotencia	reancimiento
desconocer	inagotable	retornar

(E) 14th Century

desigual	encantar	incomparable
deslizar		

(F) 15th Century

descansar	inconfundible	invisible
desconcertar	inconveniente	predominio
desconfiar	indefenso	rebuscar
desempeñar	independencia	recoger
desigualdad	indiferente	recomendar
desplegar	indigno	reconstrucción
desproporción	indiscutible	reconstruir
disculpa	inevitable	recorrer
emprender	infeliz	renegar
impaciencia	infiel	repartir
impaciente	infinito	reposar
imposible	injusto	resaltar
incapaz	inmortal	revivir
incesante	inofensivo	
incierto	insoportable	

(G) 16th Century

acomodar	inculto	insólito
comarca	indeciso	insospechado
corresponder	independiente	inútil
estirar	indirecto	remontar
impuro	inmóvil	retirar

(H) 17th Century

comprometer	equivaler	innegable
desinterés	impureza	inverosímil
desprender	incompleto	percatar
entretener	ineludible	repasar

(I) 18th Century

desarrollar	desayuno	indefinible

indispensable
insignificante
irresponsable

reacción
recortar
reponer

reproducir
reunir

(J) 19th Century

colaborar
convivir

inconsciente
infiltrar

internacional
reañudar

(K) 20th Century
automóvil

3.32 Suffixation

(A) 10th Century

alameda
alegremente
ardoroso
casona
ciertamente
claramente
consolador
convencimiento
cuartito

escritura
forzar
jugador
juntar
justamente
mediano
mentira
morisco (aj.)

morisco (n.)
nuevamente
pensador
portería
precioso
primeramente
pueblecito
recientemente

(B) 11th Century

caballería
casar
compañera
compañero

consejero
extrañar
guerrero
juramento

préstamo
solamente
verdaderamente
verdadero

(C) 12th Century

alegrar
alegría
apartar
apreciable
apreciación
cabal
casamiento
castellano (aj.)
castellano (n.)
causar
desear
despertar
empezar
encontrar
entrada

esperanza
establecer
estallar
francamente
frontera
librito
locura
maravilloso
mejorar
montón
naturalmente
nombramiento
orgulloso
pareja

pasar
pelear
pequeño
picar
pinar
poderosamente
poderoso
provechoso
razonar
riqueza
sangriento
soltar
sombrero
sonar

(D) 13th Century

abertura
acontecimiento
acrecentar
adelantar
adivinar
administrativo
agradable
agudeza
agujero
alteza
altura
amargura
amenazar
amoroso
anteriormente
autoritario
aventurar
averiguación
bandera
barrera
bravura
burgués
burlar
caminar
campear
cansancio
carretera
catedral
cercano
ciudadano
comedor
compañía
concretamente
conocimiento
constitucional
continuamente
contradictorio
conveniencia
cordura
cortés
cortesía
crecimiento
creencia
criatura
cuantía
delicioso
desaparición
deseoso

dolorido
dudoso
encantador
ensayar
entendimiento
especialmente
esquivar
establecimiento
estancia
estudiar
extremar
flaqueza
fortaleza
fundamental
fundamento
generalmente
golondrina
golpear
gozar
gracioso
grandeza
helar
hermosura
herramienta
historiador
hundimiento
igualmente
ingenioso
inmediatamente
labrador
lealtad
lechuza
lenguaje
iblremente
ligereza
lumbrera
madrileño
manifestar
mayoría
mediar
medicinal
ministerial
misterioso
mocedad
morador
movimiento
muchacha
muchacho

muchísimo
nacimiento
naturaleza
neblina
niñez
nobleza
noveno
peligroso
penoso
pensamiento
perezoso
perfeccionar
personaje
pesadumbre
piadoso
pobreza
poquito
portal
principalmente
profesional
razonamiento
rebeldía
reconocimiento
renglón
renovador
renovar
representativo
rodilla
sabiduría
sabroso
saludable
santísimo
seguramente
semejante
semejanza
señalar
señora
sentimental
sentimiento
serrano
singularmente
solariego
ternura
titular
tocar
trasladar
travesía
tristeza

usar
venganza

ventana
verdura

violentamente

(E) 14th Century

afortunadamente
almohadón
altísimo
arbitrariamente
bíblico
callejuela
campesino
cañón
cobardía
confianza
considerable
constantemente
convicción
cuartilla
cuidadosamente
definitivamente

definitivo
descubrimiento
desgraciadamente
despacito
doloroso
embriaguez
enteramente
escasez
espantoso
estribar
excepcional
faltar
frialdad
inglés (aj.)
instintivo
juntamente

ligeramente
mantón
melancólico
originalidad
pañuelo
practicar
profundamente
propiamente
razonable
receloso
revoltoso
rodear
simplemente
sospechoso
tejado
vejez

(F) 15th Century

abrumador
absolutamente
abusar
acentuar
actualmente
admirablemente
admirador
afanoso
agradecimiento
alianza
alojamiento
apacible
aparentemente
apasionadamente
aptitud
artificioso
artista
asombroso
atractivo
aumentar
autorizar
aventajar
belleza
beneficiar
blancura
bondadoso

desesperación
diccionario
dichoso
dictadura
diferenciar
difícilmente
distancia
distante
docena
dulzura
duración
dureza
elemental
embajador
empresario
enseñanza
esencialmente
eternamente
evidentemente
excelentísimo
excesivo
experimentar
expresar
expresivo
extraordinariamente
fabuloso

fácilmente
fatalmente
favorecer
finalmente
fisiológico
fisionomía
frivolidad
genial
grosero
hallazgo
hidalguía
holandés
importancia
imposibilidad
industrial
influencia
innumerable
intensidad
intimidad
inventar
investigador
ladera
lejanía
lejano
lentamente
letrero

librería	particularmente	revolucionar
limpiar	pasajero	riguroso
llamamiento	pasear	sencillamente
llanura	patrono	sencillez
luminosidad	personalidad	serenar
madurez	personalmente	sevillano (aj.)
mandato	portada	sexualidad
medianamente	presenciar	sombrío
mencionar	presidencia	sucesivamente
mentalmente	presuntuoso	suficientemente
metódico	probablemente	sufrimiento
millar	procedimiento	sumamente
modernamente	prolongación	superioridad
monárquico	propietario	techumbre
motivar	provisional	torpeza
mundial	puramente	totalmente
negrura	pureza	tranquilamente
nervioso	ramificación	trepar
nutritivo	rápidamente	últimamente
obligatorio	rectangular	únicamente
ocioso	registrar	urbano
optimismo	relacionar	vagamente
optimista	remediar	variación
orgánico	remotísimo	variedad
organización	respectivo	voluntario
organizar		

(G) 16th Century

actuación	directamente	parlamentario
alimentar	eficacia	pedagógico
americano	enterar	perfectamente
apetencia	extrañeza	pesimismo
ascendencia	fervoroso	portentoso
asesinar	fijar	precisamente
bonito	filosófico	principiar
brindar	formular	prisionero
camarada	forzoso	publicidad
castizo	frecuentemente	radicalmente
centenar	fugar	regresar
certeza	gustoso	rendimiento
clientela	individual	respectivamente
colonia	inútilmente	respetable
combinación	jesuita	respetar
comodidad	llenar	rosario
competencia	matricular	satisfactorio
comprension	mejicano	tontería
copiar	minero	totalidad
cultura	misticismo	trabajador
derrotero	normalidad	transparencia
diario		

217

(H) 17th Century

angustioso	efectuar	partidario
ansiar	enérgico	peninsular
antipático	equivocar	pesadilla
asaltar	esclavitud	plenamente
asesinato	escondite	pradera
azaroso	especialista	precisar
bolsillo	estatal	preferencia
burguesía	exactamente	preocupación
calificación	exclusivamente	proporcionar
caprichoso	expulsar	realmente
característico	familiarizar	refugiar
caracterizar	funcionamiento	risueño
cartera	geográfico	salón
caserío	idear	señorita
casualidad	impresionar	señorito
chiquillo	interesante	seriamente
chochero	interesar	significativo
coincidencia	internar	silencioso
comercial	irónico	sillón
complementar	juicioso	simbólico
conquistador	miliciano	situación
cooperación	necesitar	solidez
cordillera	ocurrencia	terraza
cumplimiento	odiar	urgencia
decisivo	ojal	utilizar
derrotero	originar	violentar
diversión		

(I) 18th Century

aproximadamente	estadística	provinciano
balancear	exactitud	realismo
borroso	finalizar	realización
catolicismo	heroismo	reflexionar
civilización	instalación	reproducción
colosal	laboratorio	republicano
completamente	labriego	responsable
completar	meseta	reunión
concretar	metálico	revolotear
consitutivo	papeleta	simpático
cósmico	pasillo	tendencia
decoración	patriótico	timidez
diplomático (aj.)	patriotismo	típico
diplomático (n.)	periódico	tranquilizar
dominante	peseta	tripulación
efectivamente	plantear	viajar
electricidad	progresivo	viejecita

(J) 19th Century

amarillento	individualismo	psicológico
argentino	indudablemente	rápidez
arqueológico	ingresar	recriminación
artístico	iniciativa	referencia
basar	integración	reflejar
biológico	intelectualismo	responsabilidad
caserón	liberalismo	romanticismo
cerebral	mañanero	sindical
colaboración	mecanismo	sindicato
colaborador	minucioso	socialismo
colonial	novelesco	socialista
comunista	novelista	solidaridad
entusiasmar	orientación	tembloroso
escenario	orientar	tradicional
explotación	periodista	universitario
funcionar	periodístico	viajero
fusilar	primaveral	voluptuosidad
importación		

(K) 20th Century

carlista	nacional	soviético
humorístico		

3.33 Prefixation - Suffixation

(A) 10th Century

acertar

(C) 12th Century

abrazar	acostar	apuntar
acabar	alcanzar	empeñar
aconsejar	aprovechar	

(D) 13th Century

aclarar	alumbrar	asegurar
agradar	antojar	avergonzar
ahorrar	apoderar	ayuntamiento
alargar	apresurar	engrandecer
alejar	apurar	entablar
allanar	arrastrar	enterrar

(E) 14th Century

acostumbrar   arrebatar   asombrar

219

(F) 15th Century

agradecer   desembarcar   enlazar
ahuyentar   desenvolvimiento ensombrecer
apasionar   embarcar   entonar
desayunar   enamorar   irreprochable

(G) 16th Century

abordar   ajustar   concentrar
acreditar   apanar   reforzar
agarrar   arrollador

(H) 17th Century

agrandar   inacabable   retrasar
asustar

(I) 18th Century

aproximar   arreglar

(J) 19th Century

subrayar

(K) 20th Century

reaccionar

3.4 Back Formations

(A) 10th Century

apellido

(B) 11th Century

cambio   embargo   engaño
compra

(C) 12th Century

afán   demanda   perdón
ayuda   duda   ruego
cobrar   esfuerzo   sospecha
cuenta   honra   testigo
deleite

(D) 13th Century

abrigo	cruzar	lucha
acordar	deporte	mando
acuerdo	desdén	mezcla
alcance	encargo	muestra
antojo	encuentro	olvido
baile	enmienda	planta
basta	enojo	pregunta
busca	entierro	prueba
carga	espanto	recuerdo
cargo	firma	reforma
castigo	gasto	robo
caza	grito	trabajo
comienzo	guía	

(E) 14th Century

asombro	recelo	trance
gobierno	sosiego	vuelo
pesca		

(F) 15th Century

abrazo	descuido	perfume
aliento	desengaño	pliegue
alivio	desgracia	porte
amparo	desprecio	reclamo
anuncio	destierro	recompensa
aposento	desván	regalo
asiento	dibujo	reposo
cariño	disputa	riego
combate	empeño	socorro
compás	fatiga	soplo
contraste	huella	tiro
depósito	interés	toque
desafío	matiz	trato
descanso	pago	trazo

(G) 16th Century

acierto	consumo	encanto
adorno	desenlace	estampa
apoyo	despacho	lástima
charla	destino	postre
chiste	disfraz	réplica
consuelo	disgusto	resto
consulta	empleo	traza

(H) 17th Century

anhelo	finca	rasgo
ataque	fracaso	reserva
cita	manejo	retiro
cortejo	marcha	retraso
engendro	paseo	revista
enlace	pliego	tertulia
enredo	pugna	visita
escape		

(I) 18th Century

abandono	informe	resumen
arreglo	piso	saludo
desarrollo	protesta	sonrisa
goce	proyecto	

(J) 19th Century

abono	consigna	envío
aristocrata	danza	transporte

3.5 Change of Suffix

(B) 11th Century

amo   loma

(C) 12th Century

huerta   portugués

(D) 13th Century

barco	maestra	mecánica
choza		

(E) 14th Century

derecha

(F) 15th Century

alguién   única

(H) 17th Century

cigarro   curva

(J) 19th Century
clínica

(C) 12th Century
garganta

(D) 13th Century
ay

(E) 14th Century
oh

(F) 15th Century
ah

(G) 16th Century
hola

(J) 19th Century
ajá

3.6 Expressive Formations

carcajada

tonto

bah

3.7 Abbreviation

(C) 12th Century
sino

(G) 16th Century
teniente

(H) 17th Century
media

(J) 19th Century
cine

(K) 20th Century
auto

piano

3.8 Change of Function

(A) 10th Century

aburrido	medido	primero
ayudado	menor	recibido
bendito	menos	sacado
cargado	muerto	segundo
cubierto	ninguna	sometido
cuidado	nuevo	tercero
enemigo	ofrecido	trazado
enfermo	peor	vano
extendido	pequeño	verde
ganado	preso	vieja
grasa	prestado	viejo

(B) 11th Century

criada	derecho	obrero
criado	junta	

(C) 12th Century

abatido	descubierto	noble
acabado	deseado	pesquisa
acompañado	dormido	placer
amado	empleado	poco (n.)
aparecido	entendido	portugués
aprovechado	fresco	posada
armado	humano	presente
bañado	loco	reinado
bien	llegada (n.)	salida
cabalmente	maestro	saliente
casado	mal (n.)	todo (pn.)
caudal	malo (n.)	usado
cometido	mas (c.)²	venido
comprendido	morada	vista (n.)
cristiano	natural	vuelto (aj.)

(D) 13th Century

afortunado	bárbaro	conveniente
alejado	caído	corriente (aj.)
amenazado	capital	cosecha
antecedente	celebrado	creado
anterior	ciudadano	cruzado
anunciado	compuesto	cuadrado
apartado	condenado	debido
atrevido	consagrado	desaparecido
azul	contrario	desierto

destruido	llano	representado
determinado	madrileño (n.)	representante
determinante	madrugada	respuesta
dicho (aj.)	manantial	roto
dicho (n.)	manifiesto	saber (n.)
distinguido	marina	sabio
duro	medida	santa (n.)
encerrado	montado	santo (n.)
entregado	obligado	secreto
estado	oído	señalado
estado (condition)	opuesto	sentido
estudiado	ordenado	sostenido
formado	pasado (aj.)	tal (av.)
habitante	pecado	tarde
hueco	pegado	temporal
hundido	pescado	terminado
iluminado	preso	terminante
imponente	principal	transformado
infeliz	privado	tratado
joven	profesional	vencido
jurado	promesa	vestido (aj.)
ligado	pronunciado	vestido (n.)
llamada (n.)	quebrantado	visto (aj.)
llamado (aj.)	reinante	

(E) 14th Century

abierto	desgraciado	instruido
acostumbrado	designado	marino
agitado	dorado	moral
ambos	dotado	original
andaluz	encantado	pasado (n.)
bastante (aj.)	escondido	pesado
campesino	escrito (aj.)	pintado
claro	escrito (n.)	propuesto
comparado	establecido	publicado
constante	extremo	rodeado
contado	florido	sabido
convencido	fundado	salvaje
cuánto (pn.)	honrado	torcido
cumplido	inglés (n.)	valiente

(F) 15th Century

absurdo	afectado	asistente
abundante	agradecido	atraído
acelerado	amante	atrayente
adherido	animado	avanzado
admirado	apasionado	barato
adquirido	ardiente	bueno (av.)

225

callado
cenido
cerrado
citado
colocado
cómico
confiado
confuso
conmovido
consiguiente (aj.)
consiguiente (n.)
constituido
construido
contemplado
convertido
correspondiente
corrida
corriente (n.)
creciente
decorado
dedicado
definido
delegado
diferente
dirigente
dirigido
disfrazado
distanciado
distribuido
dividido
dominado
elegido
elevado
empresa
enamorado (aj.)
enamorado (n.)
encarnado
encendido
encomendado
encumbrado
errante
esclarecido

estudiante
existente
explicado
exterior
fatigado
final
fingido
firmado
forastero
forzado
herido (aj.)
herido (n.)
ignorado
ignorante
ilustrado
incluso
indio
infinito
inspirado
justificado
leído
licenciado
limitado
literato
local
mañana (av.)
marcado
mediante
mencionado
menguado
mirada
miserable
negativa
nublado
olvidado
organizado
palpitante
partido (n.)
pasajero
penetrante
perdido
perteneciente

político
práctico
precedente (aj.)
precedente (n.)
precedido
preferido
procedente
producido
prolongado
puñal
radiante
reducido
referido
regalado
registrado
relacionado
repartido
repetido
repugnante
reservado
restante
resuelto
rojo
sereno
sevillano
significado
siguiente (aj.)
siguiente (n.)
situado
soldado (n.)
sujeto
tejido
tocante
traducido
triunfante
último (n.)
único (n.)
variado
visitante
viviente
vuelta (n.)

(G) 16th Century

abrumado
abultado
acertado
adecuado
alrededor (n.)

alto
aludido
amarillo
apoyado
apretado

arruinado
ascendente
bueno (n.)
calificado
cansado

cercado
coloreado
combatiente
complicado
conservador (aj.)
consignado
contribuyente
cubierta
curado
chino (aj.)³
chino (n.)
dado
deber
decidido
demasiado
dependiente
descendiente
desesperado
despedida
diario
dictado
difuso
dilatado
diputado
divertido
donde (pn.)
encontrado
erudito
exagerado
fracasado
grande

guiado
hecho
herida (n.)
hispanoamericano
ideal
importante
incidente
inconveniente
interrumpido
invadido
junto
lamentable
lanzado
levantado
llevado
logrado
maldito
médico (aj.)
menos (aj.)
menudo
merecido
metido
mezclado
mínimo
movido
mucho (pn.)
nacido
ninguno (aj.)
observado
ocurrido (aj.)
ocurrido (n.)

oficial
parecer
parecido
particular
partida (n.)
pendiente (aj.)
presentado
presidido
presupuesto
puesto (aj.)
puesto (n.)
recogido
reconocido
rendido
retirado
ridículo
salvo
seguida
seguido
seguro
sentado
separado
ser (n.)
suelto
tal (pn.)
temido
tomado
traído
unido
urgente
vibrante

(H) 17th Century

abandonado
aceptado
aficionado
ambulante
asustado
blanco
brillante
clásico
cohibido
colgado
comerciante
considerado
cortado
creador (aj.)
crecido
cuarto (n.)

cultivo
desconocido
desordenado
destinado
detenido
disimulado
distraído
doctorado
empleado
encarcago
entrometido
envuelto
equivocado
exaltado
fecha
gris

individuo
interesado
invitado
llegado (aj.)
material
mayor (n.)
misma
necesitado
nutrido
pensado
permiso
persistente
preocupado
preparado
pretendiente
proclamado

provisto
químico
refinado
resultado

revuelto
satisfecho
serio
sorpresa

substituido
supuesto
titulado
utilizado

(I) 18th Century

alarmado
aplicado
aproximado
bastante (av.)
civilizado
completo
confundido
conocido
contenido
continente
desarrollado
desprovisto
destacado
dispuesto
durante
entrado

expuesto
extenso
general (n.)
impuesto (aj.)
impuesto (n.)
iniciado
instalado
izquierda
largo
mediado
mejor (n.)
militar (n.)
municipal
musulmán (n.)
nada (av.)
pendiente (n.)

plano
planteado
polémica
producto
público
realizado
referente
republicano
reunido
sentir
sólo (av.)
sonriente
sorprendente
sorprendido
tanto (pn.)
trabajador

(J) 19th Century

aislado
basado
característica
clasificado
componente
comunista

decadente
detallado
intelectual
orientado
personal
presidente (n.)

querido
revolucionario
romántico
socialista
tendido
vivido

(K) 20th Century

obsesionado

NOTES

Chapter VI

[1] The adjective chino should also be included under 16th-century Latin borrowings.

[2] The conjunction mas should not be included here. It has already been listed under "inherited" words.

[3] See note 1.

CONCLUSIONS

Nouns are the best represented class among inherited, borrowed, and created words. Lexical words account for more than nine-tenths of the total membership of inherited words and contribute all but one out of every hundred members among borrowings and internal creations; in fact, with one exception, the preposition hasta, there are no function words among the borrowings.

Inherited words, with an average length of 2.27 syllables, are generally shorter than borrowed or created words, with averages of 3.11 and 3.51 syllables per word. Bisyllabics have the largest number of members (about two-thirds) among the inherited words, but trisyllabics are most common in the borrowed class. Among the internal creations, trisyllabics and quadrisyllabics each represent approximately one-third of the members. Created forms are the longest, having some 8-syllable members; the longest borrowings have six syllables, and one word of five syllables is the longest in the inherited class. Thus, the shorter the word, the greater the chances that it is borrowed or created.

Nearly two-thirds of the members of the first statistical class (decile) are inherited, one-fifth are borrowed, and one-fifth created. More than half of the inherited words occur in the first three deciles, half of the borrowed words occur in the first five deciles, and nearly half of the created words occur in the first six deciles. Thus, the higher the frequency of a word, the greater the probability that it is inherited, the smaller the probability that it is borrowed or created.

Borrowed words are best represented in the 13th and 15th centuries. These two centuries also contribute the majority of the created forms. Most Latin borrowings are attested in the 15th century, while almost half of the Arabic borrowings appear in the 13th century. One out of every five French borrowings was adopted in the 19th century, and most of the Italian loans took place in the 16th century. Three-fourths of the borrowed words and two-thirds of the created words are attested between 1301 and 1700; thus, in seven cases out of ten, every borrowed or created form makes its first appearance in Spanish texts during this period.

Inherited words are outnumbered by borrowed words almost two to one; two out of every five basic Spanish words are borrowed, one out of every three is created, and one out of every four inherited. Out of every 100 words, thirty-three are Latin borrowings, fourteen are created by suffixation, and twelve by a change of function.

BIBLIOGRAPHY

Alarcos Llorach, E. Fonología española. Madrid, 1961

Alfaro, R. Diccionario de anglicismos. Madrid, 1964.

Alonso, M. Enciclopedia del idioma. 3 vols. Madrid, 1958.

Auerbach, E. Introduction to Romance Languages and Literature. New York, 1961.

Barth, G. Recherches sur la fréquence de valeur des parties du discours en français, en anglais, et en espagnol. Paris, 1961.

Bloch, O. and W. von Wartburg. Dictionnaire étymologique de la langue francaise. Paris, 1964.

Bloomfield, L. Language. New York, 1933.

Boyd-Bowman, P. From Latin to Romance in Sound Charts. Washington, D.C., 1980.

Boggs, R. et al. Tentative Dictionary of Medieval Spanish. Chicago, 1965.

Bourciez, E. Eléments de linguistique romane. Paris, 1946.

Bowen, J.D., R. Stockwell and J. Martin. The Grammatical Structures of English and Spanish. Chicago, 1965.

Buchanan, M. A Graded Spanish Word Book. Toronto, 1927.

Canfield, D.L. and J.C. Davis. An Introduction to Romance Linguistics. Carbondale, Illinois, 1975.

Corominas, J. Diccionario crítico etimológico de la lengua castellana. 4 vols. Berne, 1954-57.

_____. Breve diccionario etimológico de la lengua castellana. Madrid, 1961.

Elcock, W.D. The Romance Languages. London, 1960.

_____. Review of J. Corominas, *Diccionario crítico etimológico de la lengua castellana*, Modern Language Review LXX (1957), 290-291.

Entwistle, W. *The Spanish Language, Together with Portuguese, Catalan and Basque*. London, 1965.

Ewert, A. *The French Language*. London, 1943.

Ford, J.D.M. *Old Spanish Readings*. Boston, 1911.

Grandgent, C. *An Introduction to Vulgar Latin*. Boston, 1907.

Guiraud, P. *Les caractères statistiques du vocabulaire*. Paris, 1954.

Hall, R.A., Jr. *External History of the Romance Languages*. Baltimore, 1974.

Herdan, G. *Language as Choice and Chance*. Groningen, 1956.

Juilland, A. *Outline of a General Theory of Structural Relations*. The Hague, 1961.

Juilland, A. and E. Chang-Rodríguez. *Frequency Dictionary of Spanish Words*. The Hague, 1964.

Lapesa, R. *Historia de la lengua española*. Madrid, 1955.

Latham, R.E. *Revised Medieval Word List*. London, 1965.

Lathrop, T.A. *The Evolution of Spanish*. Newark, Delaware, 1980.

Malkiel, Y. *Studies in the Reconstruction of Hispano-Latin Word Families*. Berkeley-Los Angeles, 1954.

Mendeloff, H. *A Manual of Comparative Romance Linguistics*. Washington, D.C., 1969.

Menéndez-Pidal, R. *Orígenes del español*. 8th ed. Madrid, 1976.

_____. *Estudios lingüísticos*. Madrid, 1961.

Miller, G. Language and Communication. New York, 1951.

Monlau, F. Diccionario etimológico de la lengua castellana. Buenos Aires, 1955.

Palmer, L.R. The Latin Language. London, 1954.

Patterson, W.T. and H. Urrutibéheity. The Lexical Structure of Spanish. The Hague, 1975.

Politzer, R. and C.N. Staubach. Teaching Spanish. Boston, 1961.

Ramsey, M. and R. Spaulding. A Textbook of Modern Spanish. New York, 1956.

Rubio, A. La crítica del galicismo en español. México, 1939.

Tovar, A. La lengua vasca. San Sebastian, 1950.

Trend, J. The Language and History of Spain. London, 1953.